平川克美

「消費」を やめる

銭湯経済の すすめ

はじめに

『小商いのすすめ』という本を、ミシマ社から出版したのは二〇一二年の二月でした。

わたしは、これまでの四十年近い会社人生のなかで、社員数が六〇人ほどの会社を経営したり、三〇〇人以上の会社の役員をやったりしてきました。会社をつくり、それを大きくすること、仕事の仲間が増えていくことは楽しいことでした。うまくいったこともありますが、うまくいかなかったこともたくさんあります。

最近はうまくいかないことが多くなりました。いや、以前ほど会社を大きくすることに充足感を得られなくなったといったほうがよいかもしれません。いまは二つの会社を経営していますが、社員は三人と、二人です。

二〇〇五年前後から、日本の総人口が減少し始め、経済成長率もほとんどゼロに近いところで推移していて、国家としての日本はすでに成熟段階に達していることを、誰もが感じるようになっていました。

それでも、会社というものは不思議なもので、成長だけが唯一の目的でもあるかのように、がむしゃらに売上を追求しています。いや、もちろんそうでない会社（この本を出しているミシマ社もその例外的な会社ですが）もありますが、概して会社の経営陣は成長を大きな目標に掲《かか》げて、社員を叱咤激励《しったげきれい》しているわけです。

会社の四半期計画、あるいは年度計画をつくるのは、主として経理部、総務部、経営企画部あたりでしょうが、まずエクセルという計算ソフトを使って、当月はいくら、来月はいくら、その次はいくらという売上見込みを打ち込んでいきます。もちろんそれには何らかの根拠があるわけですが、将来のことなのでなかなか計画どおりにはいかない。で、最終的に計画をつくった後に、部長や、役員の決裁となるわけですが、そのときに上司から「きみぃ、右肩下がりはいかんよ」「もうちょっと、ここは大きくできんかね」なんてことを言われる。

こんなご時世ですので、いつもいつも右肩上がりというわけにはいかないのですが、反論するのも面倒だし、会社の売上が右肩上がりにならないと自分の給料も上がらない。そこで「はい、ではこんな感じでどうでしょうか」といった具合に数字をつくっていく。

まあ、こんなことがけっこうおこなわれているわけです。

人間がつくり上げた商品を、人間の集合である市場で捌《さば》くわけであり、しかも将来のことなので、そこには確実なことはないわけですので、数字だけはいかようにもつくることができるんですね。

しかし、実際に営業してみるとなかなか数字どおりには売上は伸びていかない。当たり前です。日本全体の経済が停滞しているわけですから、自分の会社だけが右肩上がりに成長するというのは、よほど商品力があるか、運がいいか、あるいは一時的な現象かと考えるほうが自然です。

しかし、多くの人がこの自然な考えよりも、会社を大きくすることが当然だという刷り込みから逃れられない。

そこで、小商いでも大丈夫、いや、小商いなら永続的な会社経営をすることができる可能性は高まるのかもしれないということを考えるようになりました。何よりもわたしが見聞する会社のなかで、そのフルメンバーが楽しそうに働いているのは一様に小商い的な会社だったからです。そこにはどんな思想があり、どんな哲学があり、どんな原理が働いているのかを確かめるための取材をし、自分でもそれを実践していくなかで、小商いの強さの秘密が少しずつ氷解していったのです。

ひとことでいえば、それは「定常経済」を実践する会社ということで、右肩上がりの時代が終わった、その次のフェーズにもっともフィットした会社形態だということになります。小商いとは会社の規模ではなく、常に右肩上がりを宿命づけられ、売上拡大という「株主の声」に追いまくられている状態から脱して、自分たちが本当にやりたいこと、生きることと同義であるような働き方を見つけ出せという「天の声」に従う会社経営のことだったのです。

あれから、二年半が経過しました。

父親の介護が終わって、わたしは隣町に引っ越し、ひとり暮らしを始めました。妻は母親の介護に専念するということで実家に戻り、娘は三度目の世界一周の旅に出たきり戻ってきません。ひとり暮らしは快適だったのですが、生活用具一式を新たに買い求め、気ままに生活しているうちに家電品が増え、服が増え、靴が増え、本が増え、何もかもが増量して、もうそろそろ自分の家に戻ろうと思ったときには、とてもではないが荷物が多すぎて入りきらないという状況になってしまったのです。

そんな折、ミシマ社の三島社長からお電話がありました。「ヒラカワさん、今度、脱消費者のすすめという本をつくりたいのですが、その著者にはヒラカワさんがぴったりだと思いまして」なんてことを囁《ささや》くのです。

三島くんというのは、わたしがそろそろこんなことをしたいなと思っているときになると、「ヒラカワさん、こんなことを書いてください」と電話をよこしてくれる不思議なテレパシーをもった社長のようです。

ちょうどそのころ、わたしの頭の中にあったのは「アノニマスな消費者」「匿名の消費者」の時代になったなということでした。コンビニエンスストアで黙ったまま商品をカウンターに置くと、レジに値段が表示されて、無言のまま商品が手渡される。わたしは店員さんの顔を覚えていないし、店員さんのほうもわたしの顔を覚えていない。お互いが、匿名の売り手、買い手として商品交換をしている。なんだ、これは現代の沈黙交易じゃないかと思ったのです。

歴史的な沈黙交易は、文化も言葉も異なる共同体と共同体の境界で始まりました。わたしは、こんな空想をしてみたのです。わたしが生きている共同体と、店員さんが生きている共同体は言葉も文化も異なる別々の共同体だ。その二つの共同体をつないでいるのが、レジカウンターであり、おカネという唯一の共通言語だ。わたしたちは、沈黙交易から始まる商品交換の歴史の最終段階にきて、再び沈黙交易のようなことをしている。一度目は奇跡だったけど、二度目はほとんど喜劇として。

もちろん、突飛《とっぴ》な空想ではあるのですが、わたしは右肩上がりの時代の終わりに、新しくて古いライフスタイルが甦《よみがえ》ってくるような気持ちになっていたのです。

数日後、三島くんと、担当編集の星野さんがわたしの書斎にやってきました。

そこで、都合三日間、わたしが考えていることなどをお話ししました。話は転々とし、とりとめのない世間話から、思わぬ発見に至るまで多岐《たき》にわたりましたが、わたしにはじつに楽しい時間でした。

その話をもとに、消費ということの意味や、それがもたらす変化についてまとめて、一冊の本にしようということになったのです。そして出来上がったのが本書『「消費」をやめる』なのです。

本書をつくっているあいだ、わたしは、自分がお話ししたとおりに、自分の会社を小商いスタイルに改変し、次に自分の生活を変えようと思い立ちました。

わたしが生まれ育った池上線沿線に、仕事場も、遊びの場も戻してみようと思い立ち、すぐに実践することになりました。

そして間もなく、朝起きると、生活が一変していることに気がついたのです。

それまでは、朝早く起きて、新聞を読みながらトーストを食べ、トイレに座って無理やり排便し、ときどきは朝のシャワーを浴び、スーツに着替え、満員電車に揺られて秋葉原のオフィスまで通って、くたくたになるまで仕事をして、途中で晩飯を食べて、ぐったりとして帰宅するという生活でした。必要なものはすべて駅前の大型店や、オリンピック（というディスカウントショップ）や、スーパーで買っていました。考えてみれば、毎日出費し、毎日浪費し、毎日廃棄するという生活でした。

いまは違います。

朝ゆっくりと起き、仲間とつくった喫茶店でコーヒーを飲み、てくてく歩いて近くにあるオフィスで仕事をし、仕事終わりに手拭《てぬぐ》いを肩に銭湯に行き、帰宅してちょっとした料理をつくり、本を読み、就寝。四五〇円の銭湯代はかかりますが、家で無駄に水道を使うことがなくなった分でまかなえます。おカネを使わなくなりました。

正確にいえば、おカネは使っているのですが、消費の方向が明らかに変わったのです。商品棚の商品を見ているうちに、所有欲を刺激されて、ついつい買ってしまうというようなことは起きなくなりました。なぜなら、商品棚を眺めるということ自体、しなくなってしまったからです。これまではいちいち買いものをするのが面倒なので、食品などは買いすぎて腐らせたりしていたのですが、いまは必要なときに必要な分量だけ買うようになりました。

職住接近し、不要な買いものをしなくなった分、何もしなくてよい時間が増えました。日々のリズムが変わらず、定常経済的な生き方ができるようになると、その変わらない日々が新鮮に見えてくるから不思議です。

自分でも実践してみて、本書で語っているような風景とは、人口減少して老齢化していく日本の近未来を先取りしているのではないかと実感するようになりました。

消費資本主義全盛のいま、消費について真正面から考え、考えたことを実践してみることは、わたしが当初思っていたよりもはるかに多くの変化を生活にもたらしてくれました。

本書を手に取っていただいている読者のみな様にも、その変化を味わっていただければ幸いです。

#「消費」をやめる
銭湯経済のすすめ　目次

第三章　消費ビジネスのなかで

第四章　あれは戦争だった

第五章　それでもアメリカに憧れる日本

第六章　詐欺化するビジネス——ウォルマートからプライベートブランドへ

第七章　消費者マインドを超えて

第一章

消費者第一世代として

戦中派は誰もが生産者だった

「消費者第一世代として」というお題目を掲《かか》げていますが、じつのところ、わたし自身がけっこうな浪費家なのですよ。

おカネが手元にあると、つい買ってしまう。

いや、おカネがなくても、借金してまで買ってしまうという悪い癖《くせ》があるんですね。

まあとにかく、おカネを退蔵してはいられない性分なんでしょう。そんなわけで、貯金とは縁がなく、将来にずっと不安を抱いていましたが、気がつけば、その将来のほうがだんだんなくなっていくからもういいか、という心境に至りつつあります。

それはともかく、わたしの父親ぐらいの年代までの日本人は、本当におカネを使うということをしませんでした。わたしは一九五〇年生まれですから、わたしの父の代というのは、つまり戦中派の人たちです。戦中派は、見事なまでにおカネを使わない人たちでした。

おカネを使わないというよりは、使う暇《ひま》がなかった、というほうが正しいでしょうか。

金がある時ゃひまがない〜　ひまがある時ゃ金がない〜

とかくこの世はままならぬ～　愚痴はよそうぜ元気で行こう～

という坂本九の「九ちゃん音頭」（作詞は青島幸男）という歌にもあるように、おカネがあるときは忙しくて使えない、だから基本的に貯金するというのが戦中派の人たちでした。

わたしの父親は、蒲田（東京都大田区）と五反田を結ぶ池上線というローカル線の沿線の、久《く》が原《はら》というところで町工場をやっていました。父以外の町工場の社長さんに話を聞いても、「休みという概念それ自体がなかった」と口々に言います。

当時の人は、二十歳そこそこで会社を起こす人は起こしていました。大田区に町工場が九〇〇〇もできて、これは東京都内でもダントツの数です。墨田区が五〇〇〇～六〇〇〇ぐらいの数があって二番目ですから、いかに大田区に町工場が多かったかがわかります。

そういう町工場は、若い人が立ち上げて経営していました。どういう感じで働いていたか尋ねると、「月に一日か二日は休んだかな」という答えが返ってきます。その「休み」というのも従業員に与えたもので、経営者自身はほとんど休むことはありませんでした。

休むことなく働きづめで、おカネを使う暇もないから、消費者になりようがない。

戦中派の人たちはみな、生産者でしかなかったという意味はこういうことです。毎日毎日働いて、手元に浮いたおカネは、町工場を大きくするためか、そうでなければ貯金に向かうのも、まあものの道理というわけです。

はじめての浪費家、ベビーブーマー

そもそも、戦時中にはたいしたモノがありません。毎日毎日働いていたら、買いたいと思うモノだってありません。

だから、かれらは個人消費ということにはほとんど無縁でした。

それが、わたしが生まれた一九五〇年ぐらいになって、戦後の復興が少しずつ進み、ようやくちょっとは余裕が出てきました。そのころになって、やっと普通に食べていけるようになったのです。

わたしが生まれた年には朝鮮戦争が起きて、軍事特需で日本の景気もよくなりました。いわば、わたしたち戦後生まれのベビーブーマーは、戦中派世代がやっと一息つけるようになって、平和な時代に生まれた第一世代というわけです。一九五〇年ごろを境に、日本の社会で何かが大きく変わったのです。

そのためか、ベビーブーマーの多くは、本質的に浪費家です。つまり、「はじめての浪費家」としてこの世に生を享《う》けたのがベビーブーマーでした。

それに大きな影響を与えたのがテレビです。テレビは一九五三年に放送が始まり、わたしが物心つくころには、アメリカのテレビドラマがしきりに放映されていました。何も知らない人間は、何かモノを見て、それを欲しいと思って消費に至ります。何も知らなければ何かを買おうという気にさえならないわけで、テレビの向こうに映し出されるアメリカの豊かな生活を見て、若者はあれを真似したいと思ってしまったのです。

画面のなかで、アメリカの若者の欲望のありさまを見て、それをわたしたちも欲しいと思う。そこから、ベビーブーマーの消費は始まりました。

最初の欲望の対象は、食べものでした。

わたしたちが子ども時分の人気テレビ番組は、何といってもプロレス中継です。プロレスの放映は隔週で金曜夜八時からと決まっており、そのあいだの週にはディズニーの番組が放映されていました。

プロレスの番組スポンサーは三菱電機、ディズニーの番組スポンサーは不二家です。不二家のコマーシャルで、「マロンなんとか」とか、おいしそうなケーキが紹介されるのを見て、生唾《なまつば》をごくりと飲み込んでいたものです。いまから思えばたいしておいしかったわけではありませんが、ケーキなんてものを見たことがないものだから、それだけでもう食べたくて仕方がなかったのです。

消費が悪徳から美徳へ変わった

そういうふうに、消費の対象としてのモノがあらわれたのは、一九五〇年代の半ばごろです。その前は、消費するという行為も、消費する対象も存在すらしていませんでした。そんなものはなくとも、みんなまあまあやっていけたのです。

当然、ＧＤＰ（国内総生産）はいまとは比べものにならないほどの小ささでした。実質ＧＤＰで比較してもいまの十分の一にも満たないほどです。当時の生活をひとことで表現するなら、九〇〇〇万人の貧しき労働者の生活でした。使うのもほとんどが食費で、エンゲル係数もずいぶんと高かったものです。

食べものにおカネを使うことが「消費」かというと、そうではないというのがわたしの、というかこの本での考えです。この本で扱う「消費」とは、生きていくために必要のないものを欲することであり、いわば、そういう欲望を満たすために、おカネを稼いで使うことを指します。

そういう「消費」をよしとする「消費者」大集団こそ、戦後の日本社会に登場する「消費者第一世代」です。

個人的な体験の話をすると、わたしが小学校のころには、家の近所に商店街というものがありました。小学校はその商店街の一画にあり、その時分に、わたしはやはり小学生だった内田樹《たつる》くんと出会います。五年生のころです。

読者のなかには、内田くんとの出会いの場面が気になる人もいるかもしれませんが、残念ながら、ここではそれに触れません。代わりに、「消費者」が生まれる前の日本人のおカネに対する感覚を象徴するひとつのエピソードを紹介しておきましょう。

あれは、小学校の一年生か二年生のころでした。家の近所に、二軒の文房具屋がありました。もはやどっちの店かは覚えていないのですが、とにかくわたしは、文房具屋で買いものをします。

その額、五〇円――。

当時の五〇円をいまの貨幣価値に換算すると、おそらく五〇〇～一〇〇〇円ぐらいではないでしょうか。その五〇円をどうやって手に入れたのか、おそらくお年玉か何かだと思いますが、はっきりとしたことは覚えていません。その五〇円で何を買ったのかも、ちょっと記憶にありません。

まあとにかく、それぐらいの額の買いものを、小学校低学年の子どもがひとりでしたわけです。

いまの小学生なら、五〇〇円ぐらいの買いものをすることは普通のことですよね。

けれどもそのとき、わたしの親は、子どもがひとりで五〇円を使ったことに対して、かんかんになって怒りました。そのすさまじい怒り方にさすがにびっくりして、「おカネというのは使っちゃいけないものなんだな」と強く感じたものです。戦中派の親世代にとっては、子どもがおカネを使うということが、それほど特別な、悪徳ともいえる行為だったのです。

そういう感覚が、いまとなっては影も形もないどころか、そういう時代があったということさえ、いまの若い人たちは知らないのではないでしょうか。わたしと同世代の人たちでも、東京の中心部にいた人たちは、感覚を共有できないかもしれません。そういう人たちは、必要なものは親が買ってくれただろうと思うからです。

結局、わたしたちは親の教えに背《そむ》いて「消費者第一世代」になっていくわけですが、心の底には、「おカネを使うことは悪《あ》しきこと」ということがいまでも、どこかに刷り込まれています。だから、いま、新自由主義者の面々が、臆面《おくめん》もなく「もっと消費しましょう」ということに対しては、大きな違和感があるのです（新自由主義というのは、「自己責任」という言葉のもとに、できるだけ政府の干渉を減らし、市場の競争原理に経済を委ねるべし、という考えです）。

消費を奨励するお題目が堂々と唱えられるようになったのは、一九八〇年代の中曽根《なかそね》政権のころです。詳しくはあとでお話ししますが、日米貿易摩擦の解消のために、アメリカから円安是正《ぜせい》の圧力がかかりました。日本からの対米輸出が大きくなりすぎているとアメリカは感じていたのです。日本人は、自分たちで消費しないでアメリカの市場にものを輸出ばかりしているというわけです。このとき、アメリカの意向に応えるように、総理大臣自ら国民に、「もっとおカネを使え」と言ったのです。

いまも同じようなことが起きています。「GDPを上げるために」とか、「経済成長」というお決まりの言葉を掲げ、「もっと使え」「貯金をはたいてバンバン使え」と政治家もビジネスマンも口を揃えて言います。浪費家ベビーブーマーはもうとっくにそんなことはやっているわけですが、GDPも経済成長も、要は「消費」をもっと増やすことによって達成できると思っています。

「生きること」が「労働」から「消費」へ変わった

その変化は、あらゆるところに及びました。

たとえば、かつての日本人にとって、つぎはぎだらけの服を着ることは、無駄なおカネを使わず、ものを大切にするよいことでした。ところが、おカネを使うことが美徳になると、つぎはぎだらけの服はただの汚い服となり、みっともないことだと考えられるようになったのです。

かつては、おカネ持ちは、どこかいかがわしい人間だと思われていたところがあります。それが次第に、おカネ持ちは何か優れた人間だと思われるようになってきます。それもこれも、生産することを中心に回っていた社会が、消費することが中心の社会になったことが原因です。

こんな劇的な変化が現実になぜ起きたのか、わたしは長いこと不思議で仕方ありませんでした。少なくともわたしは、「貧乏は美徳、カネ持ちはいかがわしい」という価値観で育ったのに、気づけば貧乏が軽蔑されるようになっていたわけですから。

しかも、この変化は誰かが命じたわけでもありません。誰に命令されたわけでもなく、まるで宗教を改宗するかのように、価値観の劇的な変化が起きました。それがなぜ起きたのか、長いことずっと理解することができませんでした。

わたしが二〇一〇年に『移行期的混乱』（筑摩書房）という本を書いたのは、まさにその価値観の転換がなぜ起きたかを自分なりにちゃんと理解したいという思いがあったからです。

そのときに読んだのが、橋本治さんの『巡礼』という小説です。これは、『橋』『リア家の人々』と続く橋本さんの昭和三部作の第一作目で、この一連の著作は、戦後の名作でしょう。この『巡礼』の主人公の置かれた状況が、日本の「相対安定期」に起きた変化の大きさを物語っているのです。

主人公の男は、荒物屋《あらもの》の倅《せがれ》でした。

荒物屋というのは、いまではとんと見なくなりましたが、鍋やら紐《ひも》やら、家庭で使う種々の雑貨を取り扱う商店です。たとえば、割れた瓦《かわら》を縄で結《ゆ》わって積んで置いてある。割れた瓦なぞ、いまの価値観からすればただのゴミですが、昭和の時代では、そういうものでも使い道があるかもしれないと取っておいて、それが売りものになっていたのです。

いわばブリコラージュ的な世の中で、何かしらの使い道があるものは、あるいはありそうなものは、すべて荒物屋という店で売られていたのです（ブリコラージュというのは、フランスの文化人類学者レヴィ゠ストロースが、余りものを使って当面役立つ道具をつくることを指した言葉で、それは人類が古くからもっている知のあり方でもあるとかれは考えました）。

主人公の男は、親から商売を受け継ぎ、荒物屋を営んで生活していたら、あるときそれが、ゴミ屋敷になってしまいます。

この感覚は、わたしの世代ぐらいだととてもよくわかります。いまでも、ある年代以上の人は、新聞広告でも捨てずに大切に置いておきます。当時のお母さんたちは、新聞に挟《はさ》まれてくる広告を保存していました。裏が白い広告は、メモやら何やら、いろいろ使い道があるからです。そうやって、あらゆるものを後生大事に取っておいたら、ゴミ屋敷になってしまったというわけです。

戦後の昭和史というのは、それ以前の価値観で普通に生きてきたはずの人たちが、気づけばゴミ屋敷に籠城《ろうじょう》する変なやつになってしまった歴史です。歴史を表側から見れば、産業も生活も近代化し、社会全体が豊かになっていったわけですが、『巡礼』ではその変化を裏から見ることができます。かつての価値観を守り続けた人間が、犯罪者とまではいわないまでも、奇異な目で見られる存在へと化していくことになるのです。

最近では、働き手も、ものを生産するというよりは、自分をどれだけ高く売れるのかというように自分を消費の対象として考える風潮になってきていますよね。資格を取れば、高給で自分を雇ってくれる職場があるとか、働くのはおカネを貯めて海外旅行をするためであるとか。それは間違いではありませんが、「労働＝生きること」が支配的であった時代が「消費＝生きること」へと比重が変わっていったとはいえると思います。

おカネ万能社会と消費という病

この変化が長いあいだ疑問だったのですが、後になって振り返り、ようやく理解することができました。ポイントはおカネがいちばん大事になったということ、おカネの万能性というものが社会のなかで、最大化したというところにあります。

いや、いつの時代でも誰にとってもおカネは大事なものです。

でも、おカネより大事なものがあると誰もが信じていた時代もあったということは、覚えておいていいと思います。もちろん、半ばは貧乏人の僻《ひが》みもあるのでしょうが、多くの人がおカネより大事なものがあると信じているような世界を想像してみるのは悪くはないと思います。

おカネはとても大切なものだが、それよりももっと大切なものがある。この言い方のなかには、論証できるようなロジックがあるわけではありません。ただ、世の中を生きていくうえでの信仰といいましょうか、信念のようなものがあるだけです。でも、その信念が世の中をどこまでも、競争的な世知辛《せちがら》いものにすることを押しとどめている。人間を少しだけ慎《つつし》み深いものにさせる。生活に規矩《きく》というものを与えてくれるということです。

時代を経て、日本が豊かになり、商品が市場に溢れるようになると、おカネが万能になり、おカネを湯水のように使うことがいいことだといわれるようになってきました。おカネが万能になっていった理由のひとつには、おカネが因習的な人間関係を清算する手段でもありえることがわかってきたからでしょう。おカネのない世界では、人間どうしの結びつきは、貸し借りが基本だったのですが、おカネだけがこの貸し借りを清算できる。贈与的、互酬的な世界は、それはそれで鬱陶《うっとう》しいものだったわけですが、おカネを媒介とする等価交換の世界では、おカネが容易に人を結びつけたり、切り離したりするようになりました。このあたりのことは、またあとで詳しく述べることがあるかと思います。

ちょっと話題が変わりますが、いや、おカネの話と関係があるのですが、ここで商店街の変質ということについてお話ししたいと思います。

かつて、つまりわたしの親の代の商店街と、いまあるショッピングモールのようなものは、似ているようでまったくの別物です。

商店街は、わたしの母親がそうしていたように、毎日そこに行き、自分が生きていることを知らせ、情報を交換するための場所でした。そこでおこなわれる商品交換はじつは二次的な行為でした。第一そこで買うものは、生活していくために必要なものだけであり、毎日の買いものはほとんど決まっています。みんなが同じものを毎日買いに来るから、商店街で小商いをやっていくことができたのです。

母親が亡くなったとき、家の簞笥《たんす》を整理していて驚いたことがあります。そこには、父親の下着や、わたしと弟の靴下などが、値札のついたままで、たくさん詰まっていました。

晩年の母親は、ほとんど料理をすることもなかったのですが、痛い足をひきずって毎日同じ時間になると商店街へ買いものに出かけて、同じ時間に自宅へ戻ってきていました。いつものように、父親のためのお刺身などを買って、それから商店街を歩いていつものように洋品店に立ち寄って、必要もない下着や靴下を買っていたのですね。それは、純粋な消費行為というよりは、商店街に出かけて顔見知りの店主と立ち話をして、ついでに何でもいいから何かを買うということだったのだろうと思います。あくまでも、会話が主で、買いものは挨拶《あいさつ》のようなものです。

今日のショッピングモールでは、こういった光景は見られないでしょう。たしかにショッピングモールに行けば、何でも揃います。商品の群れを見ていれば、所有してみたいという欲望を掻《か》き立てられます。どれもこれも欲しくなります。しかし本当に必要なものはそこにはない。わたしの母親のような人間にとっては、ショッピングモールに置かれている商品の群れは、ほとんど何の意味もない。何もない時代に生まれた者にとって、ほとんどの生活必需品が揃うようになったときに、ショッピングモールに並んでいる商品の群れは意味のないものでしかなくなりました。

それでもショッピングモールには日々、商品が並べられます。

今日の消費者たちは、そこで必要のないものまで買い求めるように促されます。同じ必要のないものであっても、わたしの母親の場合と、現代の消費者の場合では、本質的に異なっています。母親にとってそれは二次的なもの、挨拶代わりだったのですが、現代の消費者の過剰な消費は、ほとんど病といってもいいようなものかもしれません。消費は現代人にとっては満たされぬ生活、精神的な飢餓感を満たすための代償行為になっている場合もあるようです。わたしたちは、どこかでこの消費の病から脱する必要があります。

都市化は「自然過程」

じゃあどうしたらいいのか――というのが、この本で考えたい大きな課題です。

ただ、最初に断っておきますが、戦後に起きたこうした変化は、ほとんどのものが「自然過程」というべきことがらだということです。

「自然過程」というのは、ひとことでは説明しづらいのですが、「自然過程」と「そうではない過程」の例をいくつかお話しするので、その比較でイメージしてください。

たとえば、政治過程は自然過程ではありません。マルクスが『資本論』を書き、『共産党宣言』を書かなければ、ソビエト連邦のような社会主義国家が生まれたかどうか不確かです。ゴルバチョフのような政治家があらわれたことで、それまでほとんど誰も予想していなかったようなかたちでソビエト連邦の解体が始まりました。こういう政治過程は、人間の力や偶然といったことが大きく関与しているので自然過程ではありません。

一方で、科学の発展というのは、わたしの考えでは「自然過程」です。というのは、戻すことのできない不可逆なものだからです。科学も、先人の成果のうえに、レンガを積むようにして発展していくものだから戻りようがありません。ひとつの成果が、また次の成果を生み出していく、ある意味で自然に発展していくものだから、「自然過程」です。

それと同じで、人間が知識を積んで賢くなるのも「自然過程」です。一度知ってしまったことは、なかったことにはできません。人間はバカにはなれないということなのです。

文明の進展、社会の発展に伴って、因習的な共同体が壊れ、互酬的な社会から等価交換的な社会へと移行し、都市化された社会が生まれてくるというプロセスは、かなりの部分が「自然過程」だというのがわたしの見方です。

都市化された社会では、贈与的な共同体は存続できずに、人々は自由な個人として、貨幣と商品の交換を通して必要なものを手に入れる。おカネさえ持っていれば、どんな商品をいつ買うかは、まったく個人の自由であり、誰からも指図されることはありません。互酬的、贈与的な共同体においては、個人の選択の自由は一定程度、制限されていました。こういった個人の自由の発見は、文明の進展に伴う歴史的な必然だったように思えます。

わたしも、消費化は病であり、問題だなどといっていますが、本当のところそれは自分から求めてきたものであったわけです。

人間は思いと違うことを実現してしまう

消費化された社会、貨幣万能の社会、孤立化した都市社会とは、個人が個人として自由や多様性を求めた結果です。

多様性を求めて自由になろうとした結果、多様でなくなってしまった。そういう、まさにあざなえる縄のようなことが起きているわけです。

これはわたしがいつもいうことですが、人間というのは、自分が意思していることと別なことを実現してしまう動物です。思っていたことと実現したことのあいだにはズレがあり、場合によってはまるで正反対になっていることだってあります。楽しい集団をつくろうとして、変な集団ができてしまうことは珍しくありません。

この単純なことがわからないと、いろいろおかしなことを言い出す人がいます。たとえば英語をやればグローバルな人間が出来上がるとか、愛国教育をすれば愛国心のある者が育つといったような単線的でバカバカしい考え方です。思ったことがそのままダイレクトに実現するというリニアな世界観しかもっていないと、こういうことになるわけです。

現実は違います。スタート時点はよくても、やっていくうちに、だんだんだんだん違うことが実現されてくる。そのうち、「何のためにオレはこれをやってるんだ？」と自問する瞬間が必ずあります。そこをどう突破するか、乗り越えるかが大きな問題です。

わたしたちはいま、そうした社会状況のただ中にいます。

先ほど紹介した『巡礼』の主人公に起きたことも同じことです。自分で思ったことをやり続けていたら、自分の思いとまったく違うものが実現してしまった。いい荒物屋をつくろうとしていたはずが、ゴミ屋敷になってしまう。そんな意図はなかったはずなのに、どこかで何かの歯車が狂って、ゴミ屋敷になってしまう。

この主人公はその状況を変えるためにどうしたか――。生き方を根こそぎ変えるために、巡礼の旅に出るのです。

消費を変える「スペンド・シフト」

ある意味では、それしか答えがないのかもしれません。ものすごく困難ではありますが、消費社会に一撃を加え、あるいはそこから逃れるためには、生き方を根こそぎ変えなければならないということも考えなければいけないことかもしれません。

だとすると、生き方を根こそぎ変えるために何をするか――。

革命や戦争というのはひとつの方法ですが、どちらもあまり現実的な解ではありません（戦争は、起こってしまいそうなきな臭い気配もありますが……）。

ヒントになるのが、二〇一一年に出た『スペンド・シフト』(ジョン・ガーズマ、マイケル・ダントニオ、プレジデント社)という本です。

消費者から逃れる最短の道は、ものを買わないことですが、現実的には、ものを買わずに生きていくことはできません。買うことが避けられない状況で、自分の名前を回復するためのひとつの方法が「スペンド・シフト」です。それは、買うものを変えることであり、買う場所を変えることであり、買う行為にまつわるあらゆることを変えていくことです。

そうやって、消費の中心部分を骨抜きにするアプローチが「スペンド・シフト」です。

たとえば、ズボンが古くなったとき、それを捨てて新しいズボンを買うのが消費ですが、その行動を変える。新しいズボンの代わりに、継《つぎ》当てのための布を買う。あるいは、もうズボンはやめて猿股《さるまた》や着物にするのもひとつの「スペンド・シフト」です。

「アノニマスな消費者」というポジションは、半ば自分たちで選び取り、半ばは企業、株式会社がつくってきたものですが、消費行動を変えることで、消費社会にどっぷり浸かった状態から、少しは外れることができるのではないか、ということです。

消費を変えるなんてことができるのかというと、わたしの実体験からいえば、けっこうできるものなのです。しかも、かなり簡単に。

たとえば洋服。いまや多くの人が服をユニクロで買いますし、わたしもユニクロを利用します。ただ、以前より頻度がぐっと下がりました。それは、ユニクロより安く、かつユニクロでは絶対に手に入ることのない味のある服を置く古着屋が見つかったからです。これは明らかな「スペンド・シフト」です。そのうち、「着るものはまあだいたい揃ったし、もういいかな」というマインドになってきます。

そんなふうに、何が自分に本当に必要かを考えていくと、買わなければいけないものなんて、そうあるものではないということが見えてきます。そうすれば、おカネをたくさん持っていなくても、借金さえなければそこそこ生きていくことができるのです。

怖いのは借金です。わたしの場合はけっこう大きな借金があるので、始終働き、たくさん本を書いて、おカネを稼がないといけません。本当は、何もせずにボケーッとしていたい性分なのですが、まあ仕方なしにそういうことになっています。

まあそれはともかく、先ほども触れたとおり、消費者であることは、半ばは自分で選び取っていますが、半ばは企業や市場にコントロールされています。

その状態から、決意して逃避しなければならないと、わたしは思うのです。いや、決意なんて大げさなものではなくてもいいんです。アイデアをちょっと変えてみる。

では、企業や市場にコントロールされない生き方を選ぶために、どうするか——。それをこの本をとおして考えていきたいと思います。

第二章

戦後は消費化の歴史だった

経済の歴史は不可逆的に進む

戦後の七十年間は、まさに消費化の歴史でした。もともとは生産中心の生活をしていた日本人が、消費中心に変わる。それに伴い、ものの考え方の基本も、生産に根差していたものが、消費に根差したものに変わっていく。そういう根本的な部分で、一八〇度の転換が起きた時代でした。

そのドラスティックな転換がいったいいつ起こったか——。

それには緒論ありますが、一九七三年から九〇年代前半にかけての「相対安定期」という時代に起きたというのがわたしの見方です。

それについてお話しする前に、まず、「相対安定期」とは何かについて、戦後の大局の歴史を振り返りながら見ていきたいと思います。

大きな流れでいえば、戦後の歴史は、大きく三つの段階に分けられます。

ひとつは、戦後から一九七三年まで。終戦直後の十年間は除くとして、その後の十八年間を大きく括《くく》れば、「高度経済成長期」となります。経済成長率は平均すると九・一パーセント、いまの中国と同じような状況です。

どうしてそんな成長が可能だったのか——。

答えはカンタン、というか当たり前、何もないところからスタートしたからです。経済成長率というのは前年比で計算するものですから、前年が低ければ当然、成長の糊《のり》代《しろ》がたくさんあるというわけです。

戦争に負けた瓦礫《がれき》の状態で、一からあらゆるものをつくり始めると、母数が小さいから、何かがちょっと増えれば、成長率もすぐに伸びます。一〇〇を一一〇にすると成長率は一〇パーセントですが、同じ一〇でも、一〇〇〇を一〇一〇にしたところで、成長率は一パーセントどまりです。戦後の日本では、非常に大きな経済成長期が、一九七三年まで続きます。

その間、一九六四年には東京オリンピックがありました。そのころが、高度経済成長期の最高潮の時代です。

ＧＤＰ（国内総生産）は、その年の国民が生産した付加価値の総額ですが、主だったものとしては四つの数字の足し算で求めます。民間最終消費支出、政府最終消費支出、総固定資本形成、輸出入の差額です。そのすべてが、毎年毎年、前年を上回る勢いで増えていました。

区切りの一九七三年に起きたのは、ご存じオイルショックです。

このとき、戦後の日本経済ははじめてマイナス成長を経験します。成長にも波はありましたが、マイナス成長というのはそれまで一度も経験したことがなかっただけに、さすがに「ショック」を受けます（ちなみに、「マイナス成長」とはいっても、成長しなかったというわけではありません。成長はしているのですが、たとえば前の年に生産量が一〇〇あったものが九五になったという話です。生産する量が、前の年より少し減った、というだけのことです）。

オイルショックの影響自体は間もなく収まりましたが、そこから先、一九七三～一九九三年までの二十年間は、経済成長率が三～四パーセントのあいだを行き来します。

これが経済の不思議なところですが、それ以降は一度も、経済成長率がもとの高度経済成長に戻ることはありませんでした。一九九一年のバブル崩壊の影響で、一九九三年に再びマイナス成長を記録すると、今度は三パーセント台に戻ることもできず、一パーセント前後がいっぱいいっぱいになります。そして、二〇〇八年にはリーマン・ショックが起き、いまへと至ります。

戦後の日本経済史を概観すると、だいたい十八年間隔で大きな潮目の変化があることに気がつきます。

・終戦復興終了（一九五五年）～オイルショック（一九七三年）まで
・オイルショック後～バブル崩壊（一九九一年）まで
・バブル崩壊後～リーマン・ショック（二〇〇八年）まで

実質GDPと経済成長率の推移

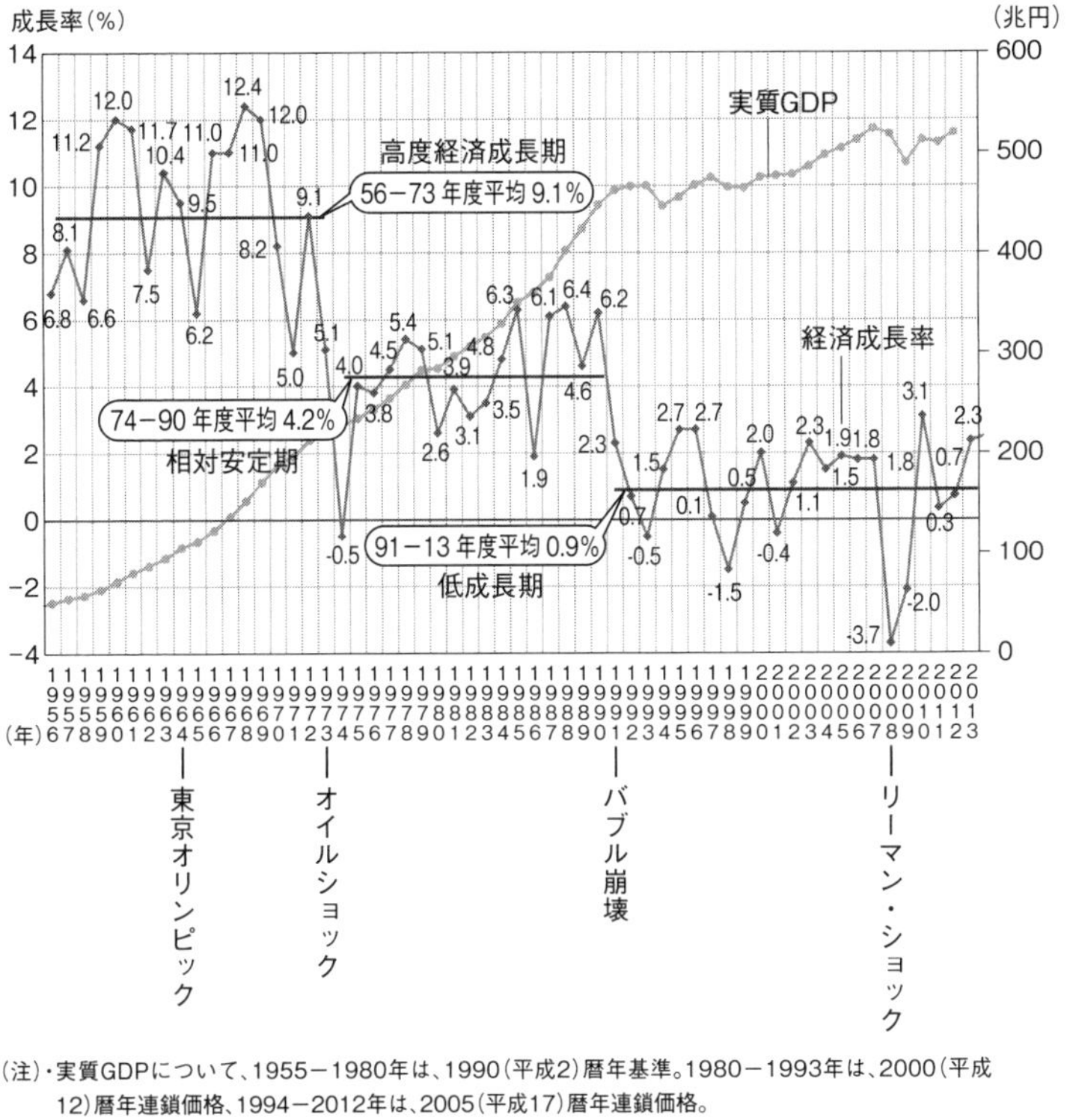

(注)・実質GDPについて、1955−1980年は、1990(平成2)暦年基準。1980−1993年は、2000(平成12)暦年連鎖価格、1994−2012年は、2005(平成17)暦年連鎖価格。

・経済成長率は年度ベース。93SNA連鎖方式推計。平均は各年度数値の単純平均。1980年度以前は「平成12年版国民経済計算年報」(63SNAベース)、1981−1994年度は年報(平成21年度確報)による。それ以降は、2014年1−3月期1次速報値〈2014年5月15日公表〉。

(資料)内閣府SNAサイト

そして、いまはリーマン・ショック後の四つ目のフェーズにいます。これまでの歴史の教訓を踏まえれば、経済状況がリーマン・ショック以前に戻ることはないでしょう。企業はグローバル展開によって、右肩上がりの実績をつくり出すことができるかもしれませんが、一国の経済ということでいえば、確実に縮小均衡へと向かっています。

週休二日制のインパクト

ここで、この章の冒頭の問いにもう一度戻ります。

日本が、生産中心の社会から消費中心の社会に変わる転換点はどこにあったか——。

それに対するわたしの見立ては、オイルショックからバブル崩壊に至るまでの時期です。

この時期のことを、前後の高度経済成長期とバブル崩壊以降の低成長期と比べて安定しているということで、「相対安定期」といいます。

この「相対安定期」というのは、日本にとって非常にいい時代でした。

経済成長率は前年比三〜四パーセント、急激な変化を伴うわけでもなく、ゆるやかに生活水準が向上する、とても理想的な時代です。「一億総中流」という言葉が広まったのも

労働者1人平均年間総実労働時間の推移

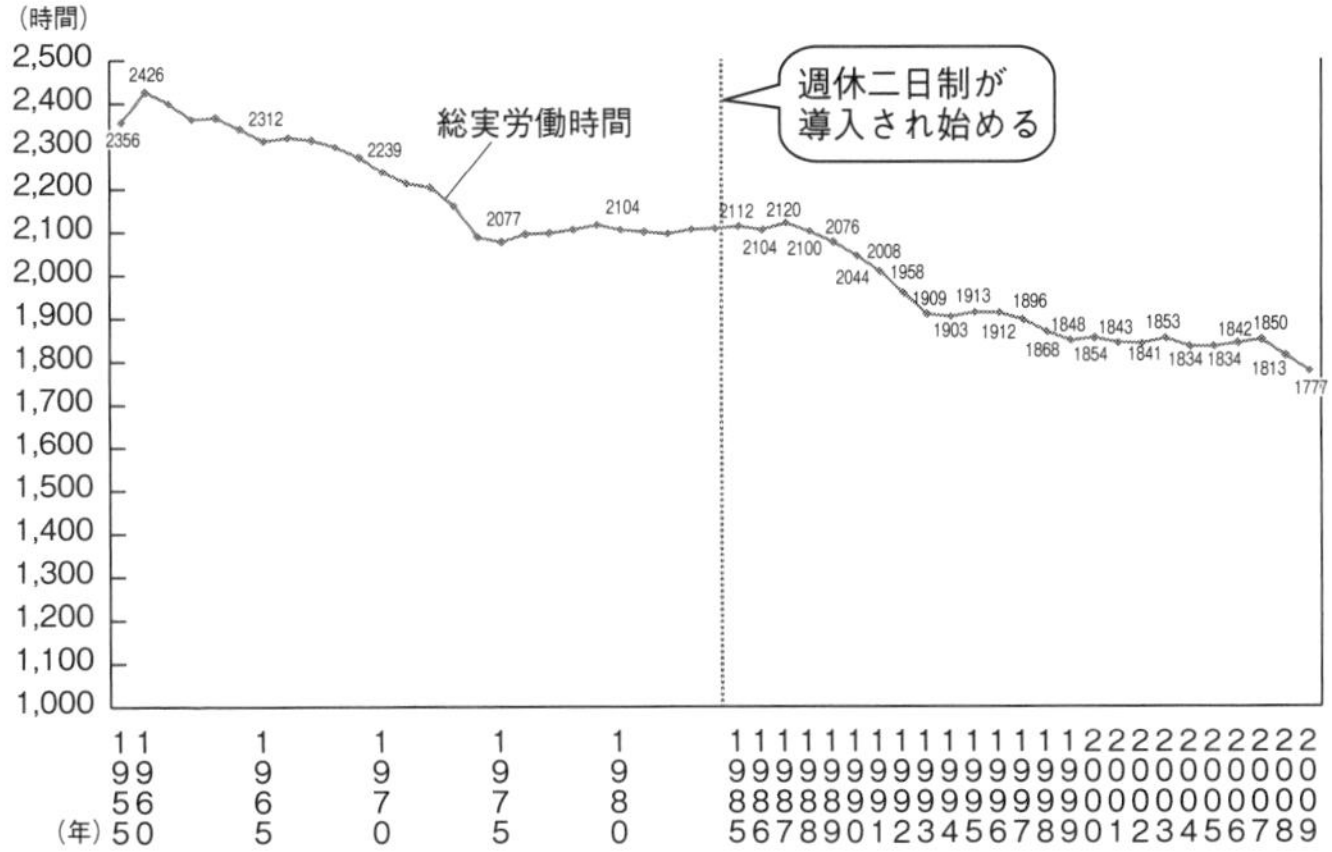

資料出所：厚生労働省「毎月勤労統計調査」
(注) 事業所規模30人以上。

この時期です。実際には、「一億総中流」に程遠い現実がありましたが、少なくとも大勢の人がそういう幻想を抱くことのできる時代でした。

　この時代は、いまの日本、つまり先進消費国家をつくる土台が出揃った時代でもありました。そのいちばん大きなものが——これは吉本隆明さんが指摘していることですが——、八〇年代半ばに起きた週休二日制です。

　それ以前も、土曜日は午後が休みでした。週休二日は、休みが一・五日から二日へ、半日増えるだけのことだと考えられていましたが、このたった半日の休みの増加が、日本社会に大きなインパクトを与えることになるのです。

そこで、日本人の考え方が大きくシフトしていったのです。

いちおう断りを入れておくと、週休二日の採用は、日本中でいっせいに起きたわけではありません。実際の進行は斑模様《まだら》です。官公庁が一足早く導入し、遅れて民間も週に二日休むようになったり、なかには週休三日にしてみたけれどまた戻したり、という動きもありました。そういう変化がだいたい十年ぐらいかけて進み、その間に、わたしたち日本人の価値観が、それまでと一八〇度変わっていくのです。

わたしの父の世代は常に働いていて、おカネを使いたくても使う時間がありませんでした。かれらは、常にものをつくっていました。かれらは、ものをつくり出す人間であると同時に、ものを売っておカネに変える、おカネを生み出す人間でもありました。かつての日本人は、四六時中、おカネを生み出すためにどうすればいいかを考えていたのです。

それほど貧しかったということもあるのでしょうが、一所懸命働けば、働いた分だけ報われると信じられる環境があったということです。平均の経済成長率が九パーセント以上の時代でしたからね。戦後少しずつ豊かになり、働きづめに働いていた人たちも、週に一日は休むようになりました。そのときはまだ、次の六日を全力で働くための、純粋な休息でした。

ところが、八〇年代になると、休みがいよいよ週二日になります。かつてはおカネを使う暇《ひま》がなかった日本人が、ついに、おカネを使う時間を手にしたのです。

それまでは、おカネを使う時間がない以上、おカネの使い方について深く考える人もいませんでした。それが、おカネを使う時間を手にするようになることで、稼いだおカネを何に使おうかと考え始めたんですね。

それまでは、働くためにたまに休息していた人たちにとっては、労働はほとんど生きることの目的でもあったのですが、週休二日制が導入されて以後、労働は、それで稼いだおカネを使って休日を楽しく過ごしたり、海外旅行をしたりするための手段だと考えるようになりました。日曜日は、休息を取って体調を整える労働のための準備日だったところから、土日の時間をどう過ごすかを考え、そのためにおカネが必要だから働くというように、日本人の発想が一八〇度転換していきます。

これはとても大きな変化でした。それまでは、おカネを使うことが悪徳だったのが、徐々に美徳へと変わっていきます。悪が正義に変わるというのは大変なことで、そこから「消費化」の波が一気に押し寄せることになるのです。

自由な雇用形態が不自由を生んだ

ちょっとここで、おカネが悪徳から美徳へ一八〇度転換したときのことについて補足しておきましょう。

その変化の大きなきっかけになったのは、すでに触れたとおり、週休二日制です。

けれどもじつは、それとほぼ同じ時期に、もうひとつ大きな変化がありました。それが、雇用形態の変化、つまり労働者派遣法の改正です。そこに、アルバイト情報誌などのメディアの宣伝も重なって、自由な生き方をすることがよしとされ、その延長で、おカネを使うことが美徳に変わっていくのです。

派遣法が改正された経緯は、当時の記録がいろいろ残っています。けっして企業の論理を優先したからというだけではなく、むしろ働く人が自由な仕事を望み、そのニーズに応えるかたちで改正が実現します。いや、実際には企業側のレトリックにのせられたという側面もあるのでしょうが、自由に労働時間を選べるというのはたしかに魅力的だったのです。

法改正以前の派遣業は、タイピストや翻訳者のような、いってみれば専門業にだけ許された雇用形態でした。そういう職業は、自分で時間をコントロールし、誰も命令する人がいない自由業として、憧れの対象でした。働く人たち自身が、正社員として会社に自分の人生を捧げるのとは違う仕事の形態として、自由業のような雇用形態を望んだ。その結果生まれたのが「フリーター」です。

働く人が、自由な雇用形態を本当に望んでいたのか、というのは議論の余地があるかもしれませんが、わたし自身の体験からは十分に納得できます。

わたしたちのときは、まだ「フリーター」という言葉がなく、定職がない人は「プータロー」と呼ばれていました。どこにも所属したくなくて、わたしは会社に入りませんでした。そして、アルバイトで食いつなぐ「アルバイター」として生活していました。

その先に起業の道があれば話はまた別ですが、「フリーター」でもそこそこ生活できるということになると、こういった働き方を選ぶ若者が増えてきます。そして、ずるずるとその状態が続いてきたというのが現状です。いまはそれが行き着くところまで行き着いて、若いフリーターの人たちは、定職に就きたくとも、もはやどこも雇ってくれないといった不安定な状態に陥っています。そこで、ただ生きるために寸暇《すんか》を惜しんで、仕事を探し、雇ってくれるところがあれば低賃金でも食いつなぐためにやむをえず働く。選択の自由の幅はどんどん狭くなっていく。

ここでもやはり、本来望んでいたのとは違う結果が実現しています。フリーターは、一見自由ですが、現実はちっとも自由ではありません。個人が孤立し、また社会に埋没《まいぼつ》し、形ばかりの自由とは裏腹《うらはら》に、大きな不安を抱えて生きているのです。

消費者には顔がない

そういう劇的な変化の過程で、一億総消費者化が進行していきます。

それまで、農業生産者だとか機械工場生産者だとか、とにかく何らかの生産者として特徴づけられていた人たちが、顔のない「消費者」に変貌《へんぼう》していったのです。もちろん、同じ人間が生産者であり、消費者でもあるという事実は変わらないのですが、その同じ人間の消費者としての面ばかりがクローズアップされるようになったということです。

こうした見え方の変化は、人間に対する価値観の変化になっていきました。もっとも多く消費する人間に価値があり、消費できない人間には価値がないという見方が広まっていったのです。

かつての価値観では、「もっとも多く消費する人間」というのは軽薄で、お調子者で、馬鹿なやつというような評価の対象でした。おカネ持ちも、何かずるいことをして儲けた成金だろうと揶揄《やゆ》されていました。生産をベースにすると、稼げる金額にはどう考えたってかぎりがある。だから、こつこつ働き、こつこつ稼ぐのが美徳とされていたのです。

消費の多寡《たか》が人間の価値を分けるようになったことは、おカネの価値が非常に重要になったということです。

かつては、重要なのはおカネではなく労働でした。労働するための身体や技術、そういうものこそがいちばん重要なことだとされていました。それが、社会全体が「消費化」することで、消費できるかできないか、つまりおカネを持っているかどうかだけが重要なことだとされるようになってきたのです。

労働からおカネへ、価値の重心が移ったことは、社会を構成する人の特性をも大きく変えました。

労働を生み出すのは生身《なまみ》の身体です。身体にはひとつひとつ個性があり、違った能力があり、そういう身体をもつ人として、ひとりひとりは固有の名前をもっていました。生産は、顔があるひとりひとりの労働者が協働して成り立つ営為《えいい》です。単独でおこなわれた生産物にはときに銘が刻まれます。ところが、消費者には顔がないのです。おカネというのは実体をもたない単なる記号です。つまり、おカネが中心になったことで、「消費者」は身体と名前を失い、アノニマスな存在になっていきました。一億の国民が総じて、名前のないアノニマスな消費者へと変わっていったのです。

この名前をもたない「消費者」たちが、ただカネを運搬するのが現代の消費社会です。

そういう社会にぴったりとはまったのが、コンビニエンスストアでしょう。コンビニというのは、名前のない人間がふらっと入り、誰でもカネさえ出せば商品を手にすることのできる場所です。

一方、商店街は、単なる買いもののための場所ではありませんでした。前にもお話ししましたが、わたしの母親は、倒れる寸前まで毎日、同じ時間に商店街に出かけていました。それは買いものをするというよりは、ほとんど習慣になっていたからです。

現在では、商店街に代わるものとしての大きなスーパーや、ショッピングモールがありますが、当時の商店街にしかなかったものを見れば、そこが単なる買いもののための場所ではないことがわかるかと思います。

たとえば、銭湯。どの商店街にも一軒はあったと思います。わたしの母が通っていた商店街には映画館もあり、小学校のときに課外授業で映画を観に行ったことも何度かありました。『にあんちゃん』(今村昌平監督、一九五九年)とか、『黄色いからす』(五所《ごしょ》平之助《へいのすけ》監督、一九五七年)とか、ときには『地球防衛軍』(本多《ほんだ》猪四郎《いしろう》監督、特撮円谷英二《つぶらやえいじ》、一九五七年)なんていう映画を学校から列をなして観に行ったものです。

そこはまさに、生活の延長の場であり、教育の場でもあったわけで、誰でもが利用できるコモンプレイス(公共の空間)だったのですね。

商店街では、顔と名前のある住人たちが、商品交換と情報交換を同時におこないます。一方で商品交換を、一方で贈与交換をおこなっていたのです(贈与交換というのは、贈与を受けた者は、必ず返礼の義務を負うという人類史的な交換儀礼であり、金銭の介在しない交換様式のこと）。

電話の子機は、インターネットの始まり

週休二日制と労働者派遣法の改正、そしてコンビニの出現は、セットで考えるとよいと思います。この三つが絡まり合って、労働から消費への転換が起こったということです。コンビニが消費の受け皿になり、働く時間が減ることで消費の時間ができ、共同体や組織から分断された個人の働き口として、フリーターという選択肢が登場してきます。

このひとつの大きなストーリー、あるいはカラクリといってもいいですが、そこから、「アノニマスな消費者」が生まれてくるのです。

こうした社会の移り変わりは、情報端末の使われ方の変化に、よくあらわれています。先ほどはテレビの例を挙げましたが、ここでは電話を例に挙げて見てみましょう。

わたしたちの世代が子どものころは、電話といえば、一家に一台、黒電話です。

いま思えば、あれはなかなかいいものです。中学生のころ、好きな女の子に電話したくても、まわりに親がいるからなかなか難しい。だから、親が寝てからこっそり起きだし、震える手でダイヤルを回して、親に悟られないように小さな声で話をしていたものです。

家族を復活させるために、黒電話をぜひ復活してほしいものですが、家族のないところでは黒電話は成り立たないので、ニワトリが先かタマゴが先かの話になってしまいますね。

一家に一台だった電話は、携帯端末の登場により、いまや一人一台が当たり前です。

じつは、黒電話と携帯電話のあいだには、固定電話の子機の出現という段階がありました。わたしが親になり、娘の子機の使い方を見たときに、ちょっと驚いてしまったことがあります。

まず驚いたのが、請求書の金額です。月にウン万円――。娘が子機を使ってずっと電話をしていたのです。

だから、わたしが電話をかけることもできないし、外からかけても話し中。腹が立って「なんだこれは!」と娘を叱《しか》り、取っ組み合いにもなりました。柱に張り付いて抵抗する娘を引っぺがし、投げ飛ばして(ひどいですよね)暴力オヤジと呼ばれたものです。

怒りを抑え、何をそんなに話しているのか尋ねると、たしかに電話をかけてはいるけれども、たいしたことを話しているわけではないと娘は言います。

通話状態にしたまま子機を横に置き、そのまま部屋でテレビを見る。それで、受話器の向こうから笑い声が聞こえてくると、「いまのウケたね」と言葉をかけ、「そうだね」と返ってくる。そんな使い方をしているというのです。

娘にとって、電話の子機は、いまのインターネットの役割を果たしていました。電話は、分断された個人をつなぐ手段でした。オンラインの状態をつくるために、娘は話もしない電話を長時間かけっぱなしにして、ベッドサイドに置いていたのです。

テレビが地域に一台の時代から一人一台の時代へ

消費化のなれの果て、個人がひとりぼっちになっていく様子は、テレビが普及していく流れからよくわかります。

日本でテレビ放送が始まったのは一九五三年、ＮＨＫが二月に、八月末に日本テレビが民放第一号でテレビ放映をおこないました。

わたしが子どものころ、つまりテレビが始まったばかりのころ、少し極端な言い方をすると、テレビは地域に一台しかありませんでした。大田区蒲田には、西口の駅前広場の街頭テレビの一台のみ。そこに、地域の人みんなが足を運んでいたのです。当時人気があったのはプロレスで、力道山とシャープ兄弟の試合を、歓声をあげて観戦していました。

一台のテレビがカバーする範囲は次第に狭まります。まず、いくつかある町内会に一台という状況になり、わが家は工場で従業員も抱えていたからか、このタイミングでいち早くテレビ導入へと踏み切ります。テレビを見る光景は、まさに、映画『ＡＬＷＡＹＳ 三丁目の夕日』で描かれていたとおりです。金曜夜八時のプロレス放映の時間になると、六畳間に一〇人も二〇人もすし詰めになって、袖をまくってテレビを見たものです。

それが、一九五九年の皇太子（当時・今上天皇）ご成婚をきっかけに、多くの家庭がテレビを持つようになります。

こうして、最初は地域に一台だったテレビが、町内会に一台、家庭に一台と、同じテレビ番組を見て情報を共有する人間の範囲が、時代とともに徐々に小さくなっていきます。地域のみんなが同じ番組を見ていた時代から、家庭ごとに見る番組がばらけていく時代になるのです。

その一連の流れの仕上げともいえるのが、家庭に子ども部屋がつくられ、二台目、三台目のテレビが入るようになったときのことです。

わたしが、テレビ一人一台の状況にはじめて直面したのは高校生のころです。友だちの家には、かれの「自分の部屋」なるものがあり、そこにかれ専用のテレビもありました。

じつは、子ども部屋が広まるのも、週休二日制と同じころの八〇年代です。そのころに、テレビはほぼ一人一台のパーソナルな情報端末としての意味合いをもつようになります。

こうして、かつては当たり前だった情報共有が徐々に難しくなります。わたしが小学生

主要耐久消費財の世帯普及率の推移

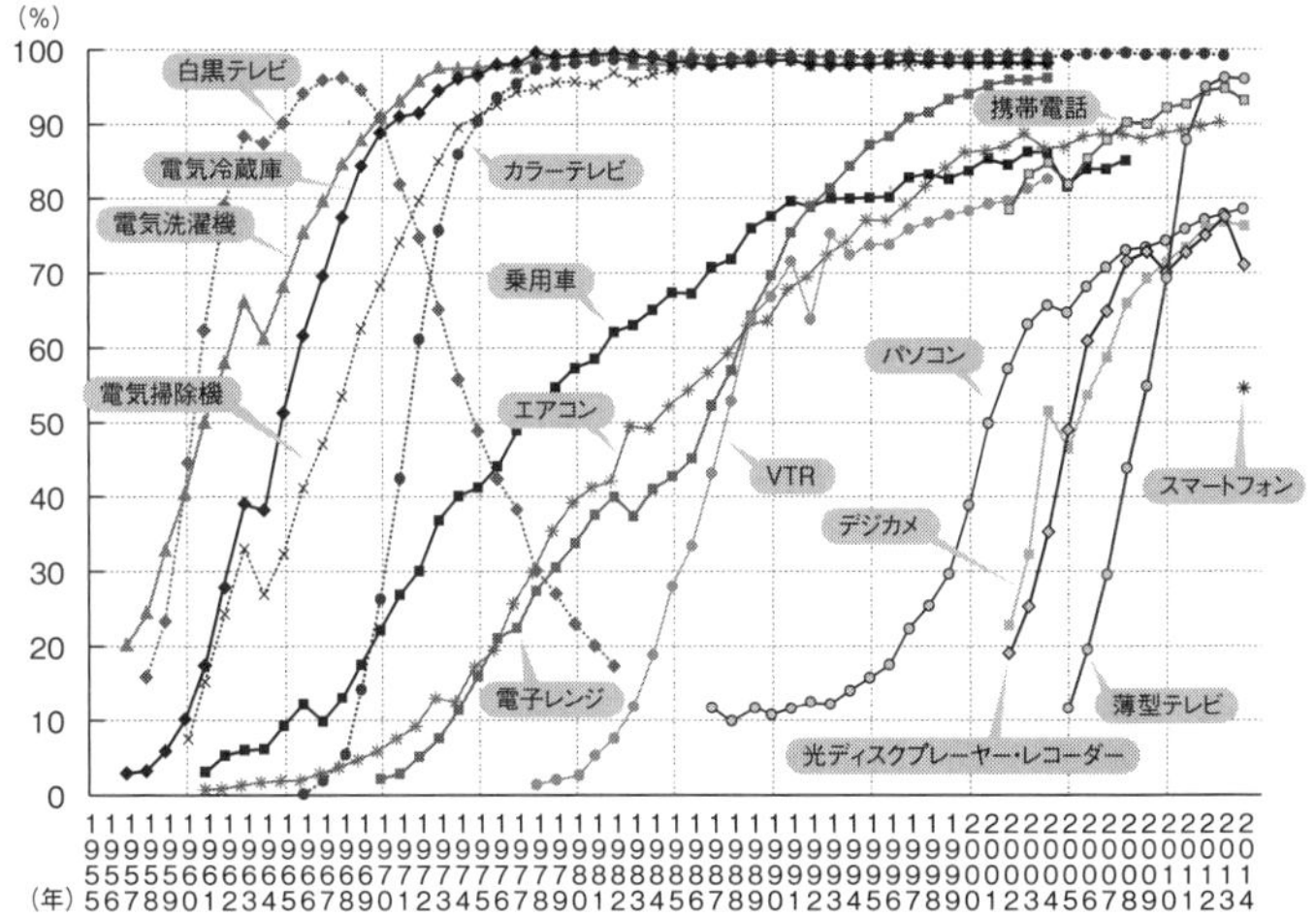

（注）単身世帯以外の一般世帯が対象。1963年までは人口5万人以上の都市世帯のみ。1957年は9月調査、58〜77年は2月調査、78年以降は3月調査。05年より調査品目変更。デジカメは05年よりカメラ付き携帯を含まず。薄型テレビはカラーテレビの一部。光ディスクプレーヤー・レコーダーはDVD用、ブルーレイ用を含む。カラーテレビは2014年以降ブラウン管テレビは対象外となり薄型テレビに一本化。

（資料）内閣府「消費動向調査」

のころ、大晦日《おおみそか》の「紅白歌合戦」も、当時人気だった「月光仮面」も、どちらも視聴率は七〇パーセント台。それは、テレビを見る端末もかぎられていれば、見る番組の選択肢もそれ以外になかったからです。時代とともに情報を共有する範囲が狭まり、しまいには「個人」が情報の受け手の単位になっていくのです。

消費者自ら匿名性を望む

この変化が、じつはテレビを供給するメーカーの側から見ると、非常に大きな意味をもちます。それまで地域で一台しか売れていなかったテレビが、地域に一万人が住んでいるとすれば、一万台のテレビが売れるようになるからです。

企業の側から見ると、「消費化」というのは、集団をばらけさせて個々人に分断させることとほとんど同義です。全体がひとつだと、経済は発展しません。個人に分断することで経済が発展し、その過程で、個人が顔も名前ももたないアノニマスな消費者になっていきました。

本来、ヨーロッパ的な意味での理想的な「個人（individual）」とは、顔も名前も保持したまま、ひとりの人格として人間が立ち上がるイメージです。

ところが日本では、「個人」がそういう形で出現したことはありません。

たとえば、日本の歴史を遡《さかのぼ》ると、人々が名前をもたずに暮らしていた時代がありました。江戸時代以前は、苗字をもっていたのは、武士や地主などのかぎられた階級の人たちだけでした。そこからあぶれた人たちは、ただの「アノニマスなその他」でしかありませんでした。

ある意味で、その後の歴史というのは、「アノニマスなその他」だった人たちが名前を獲得し、かれらが名前をもったメンバーとして家族や町内会という共同体を形成していった歴史です。そういう共同体が、戦後しばらく続いていくわけですが、共同体の負の側面が強調され、敬遠されて個人が生まれていくときに、昔のように再び名前を喪失していくことになったというのは非常に興味深い現象です。

さらにいえば、このときの名前の喪失は、消費者たちが半ば自分たちで選び取ったことでもあります。そのことがはっきりわかるのは、九〇年代半ばにインターネットが広まり、二〇〇〇年代にソーシャルメディアが出てきたときの動きです。

ソーシャルメディアは、インターネット空間において新しいコミュニティ（共同体）をつくる動きでしたが、このとき多くの人が、自ら好んで顔と名前のないアノニマスな個人という立場を選び取りました。

これには、年代ごとのはっきりとした傾向性があります。わたしたちの年代の人間は、だいたいのケースで名前と顔を隠すことはありません。ところが、まさに「アノニマスな消費者」が当たり前になったころに物心ついた人たちは、見事なまでに、自ら匿名であることを選択していきました。

人間もおカネのように交換可能に

インターネットの匿名性の源流には諸説ありますが、わたしは、アノニマスな消費者こそが、インターネットの匿名性の起源ではないかと考えています。ネットの特性に匿名性の起源があるのではなくて、ネットに接続する個人が、リアルな社会でそうだったアノニマスな個人という立ち位置をそのまま投影したということ。つまりそこに価値を認めていたというのがわたしの見解です。

堀江貴文さんが出てきたとき、かれはまさしく「アノニマスな消費者」を代弁する人間でした。「カネで買えないものはない」というかれの言葉は、それまでの閨閥《けいばつ》だとか学歴だとか、人間に付随する共同体的なしがらみで人間の運命が決せられる窮屈さへの拒絶を表明していました。

かれは、「カネは透明」ということも口にしていました。透明なおカネを持っていれば、氏素性《うじすじょう》に関わりなく平等に取引に参加することができます。透明で平等だからこそ、それは所有者の氏素性に関わりのない公正なパワーを発揮することができるというわけです。

それはたしかに、まったくそのとおりですが、ただ一点、わたしが問題だと思うのは、透明なおカネを持つ人間のほうは、透明で公平な存在であるとはかぎらないということです。

わたしたちは、そのことに自覚的であるべきです。

おカネの透明性を主張した堀江さんは、個性的な人間であり、それゆえに他の誰とも交換不可能な人間でした。「アノニマスな消費者」の代表のような堀江さん自身は、個性的な顔のある消費者でした。そのかれが一方で大量の「顔のないアノニマスな消費者」を生み出すことに加担していたわけです。

人間は、おカネを求めるうちに、おカネが持っている透明性や記号性に似せて、自分自身を貨幣のような交換可能な存在へと変えてしまう傾向があるのでしょうか。おカネの最大の特徴は、交換価値だけをもっていて、使用価値をもたないということです。おカネを過度に重要視する社会とは、おカネの最大の特徴が最大限発揮できる環境が求められる社会です。それは、ひとことでいえば流動性選好に支配された社会ということです。

いつでも、どこでも、軽やかに移動でき、交換可能な存在に価値を認める社会。

グローバル人材なるものが求められているようですが、その人材とは、世界のどこにでも気軽に出かけられ、世界のどこでも言葉を交換できる生まれながらに流動性をもった人材であり、貨幣のような存在であるといえるのかもしれません。グローバル化というのは、おカネを万能視するところから生まれてくるとわたしは考えています。

カネの多寡だけが差異となる

アノニマスな消費者たちは、贈与的な関係とは無縁で、純粋な商品交換、商品と貨幣の交換だけをおこないます。

コンビニのレジカウンターでは言葉もいらず、顔も必要ありませんよね。レジに表示された金額を見て、そのおカネを財布から出せば終わりです。「ありがとうございます」という言葉はいちおう交わされますが、それはあくまで機械的なもの。店員が客の顔と名前を知らない(覚えていない)ように、客も店員の顔と名前を覚えることはありません。顔と名前は、純粋な商品交換には必要ないものだからです。

アノニマスな消費者は、最近までの日本社会に存在していなかった集団です。それがひとたび社会に出現すると、今度は、一見逆説的ではありますが、アノニマスな存在であるからこそ、他の消費者との違いを求めるようになります。人間というのは他人との差異を求める生きものだからです。

そのための区別の指標は、本来であれば個々の個性であったわけですが、身体性から切り離された存在としてのアノニマスな消費者においては、同じアノニマスな存在であるカネの多寡だけが差別指標になるのです。おカネを持っているかどうか、あるいはカネ離れがいいかどうかということが、他の消費者との違いを出すために、重視されるようになります。

そういうアノニマスな消費者が、九〇年代半ば以降、今度はインターネット空間で大量に出現するわけですが、それについては、またあとで触れます。

消費化のプロセスは、言葉を換えれば都市化の過程です。わたしが住んでいるマンションでも、隣の人の顔も名前も知りません。都市そのものが匿名を前提に成り立つようになっています。

その背景にあるのは、地縁や血縁で成り立っていた共同体への忌避《きひ》です。そこに属していたメンバーがひとりの「個人」になったことと引き換えに、土地や、家族との縁＝関係性を失い、名前と顔を失うという結果になっていくわけです。

「お控えなすって。てまえ生国《しょうごく》と発しますところ……」というやくざ者の仁義＝自己紹介は、まさに自分が何者であるのかを、縁によって説明しようとしていたわけですね。そのような縁による結びつきは、ほとんど本来の意味を失ってしまいました。

ところで、「個人」という概念は、もともと日本にはなかった概念です。ヨーロッパにおいても、明確に個人というものが意識されるようになったのは、フランス革命以後で、その概念の中心は個人の尊厳と、自己決定でした。専制的な支配者と、封建的なシステムが支配的であった時代から解放された人間のよりどころが「個人」の尊重であったのです。自由主義も民主主義も、個人という概念がなければ成立しない思想でした。

個人主義の定義は、諸説あってひとつにまとめるのは難しいのですが、いずれにせよ、集団的、因習的な足枷《あしかせ》から解放された人間が、「個人」だということになります。

日本においても、地域共同体は、いま振り返れば懐かしく、何となく温かさを感じるものですが、同時に非常に息苦しいものでもありました。共同体の構成員は、お互いがお互いのことを驚くほどよく知っています。「誰それがどこで何をどうした」と、どうでもいいような細かいことまで筒抜けだったのです。戦時中の日本の隣組や東ドイツのシュタージのように、その相互監視システムが、権力に利用されたという負の歴史もあります。

共同体的なしがらみはまた同時に、共同体を守っていく知恵でもありましたが、この窮屈な空間を解体する力が最終的に勝利します。顔と名前による相互監視を嫌い、共同体から抜け出そうとするときには、アノニマスな存在にならざるをえなかったのです。

本当は、共同体のしがらみから解放された個人が、なおも顔と名前をもち続けるというのが理想です。けれども、ことはそう簡単には運びません。顔と名前とは、任俠《にんきょう》の世界において縁そのものが自分を証明することであったように、地域や家族や友人や会社との関係性を指し示すものの表象としての意味をもっているのです。

だから、人は共同体とのつながりを失うことで、あらゆる関係性から浮遊して、顔と名前も失ってしまいます。そののっぺらぼうが集まる消費社会にあっては、他人との差異を強調する唯一の指標が、「自分はいくら持っている」という所持金の多寡だけなのです。

売られているものしか望むことができない社会

共同体の崩壊や消費化は、都市化といってもいいし、養老孟司《ようろうたけし》さんの言葉を借りれば「脳化」ともいえます。いまを生きる人間は徐々に身体性を失い、ついには顔も失っていく。その結果、個人個人が透明な存在に近づいていくということなのです。

一九九七年、神戸連続児童殺傷事件を起こした酒鬼薔薇《さかきばら》聖斗は、声明文で「透明な存在」という言葉を使いました。あの事件は、まさに現代に起きている変化を、きわめて先鋭な形で体現したものです。二〇〇八年の秋葉原通り魔事件も、同じ現象として見ることができます。人間がリアリティを喪失した、絶望的な状態からこうした事件が起きてきたのです。

たとえば、光も差し込まない真っ暗なトンネルの中を歩いていたら、誰でも存在のリアリティを失います。登山で有名な、神奈川県の丹沢に、実際そういう道があります。その道を歩いていると、自分がどこにいてどんな姿勢をしているのかさえもわからなくなるような奇妙な感覚にとらわれてしまいます。

リアリティというのは、自分がどこかにつながっていることで確保されるものです。物理的にいえば、足下に地面があり、目で見て手で触れられる実体があるという状況が、心理的にいえば、自分がどこかに所属している実感が、リアリティの源です。

ずっと会社一筋できた会社員が、定年で会社から突然離れて、せっかく時間ができたからとハワイに行って海でぷかぷか浮かんでいても、もう自分が何だかわからなくなってしまうのも、まあそういうことです。

そういう危うい不安定な状況が社会全体に蔓延《まんえん》していて、それがふとしたきっかけで、先鋭的な形であらわれたのが、神戸と秋葉原の事件だったのではないでしょうか。

人間は、二つの正反対のことを望む動物です。

一方で自由で匿名であることを望み、もう一方で、ほかの誰でもない自分を認めてもらいたいと願う。そして、強烈に顔を望む。

けれども、消費社会のなかで生きていると、売られているものしか望むことができなくなります。整形して手に入れた顔は、ショーウィンドウに飾られた仮面を買うように、値札のついたパーツを買うことで自分のものになります。

よく、「カネじゃない、心だ」という言い方がされますが、わたしにいわせれば、これも根本的なところが間違っています。フランク・シナトラが歌う「もしも心がすべてなら、愛しいおカネは何になる」というのがわたしは好きなのですが、おカネと心のどっちが大事かという問いそのものがおかしいのです。

おカネはどんな時代でも愛しいものです。そして、それを欲しているのは心ですよね。もちろん、ここでの心というのは、まごころとか愛情とかそういったことではなく、おカネでは買えないもののすべてを指しています。おカネがあれば、何でも買えるといいますが、実際のところはほとんどのものは買えないのです。足りない身長も、美貌《びぼう》も、寿命も、友情も、本質的には買うことはできません。おカネで買うことができるのは、値札のついているものだけです。

本当は、おカネも心も、両方が大事なのに、おカネだけが大事になってしまったのがいまの社会の問題です。問題なのは、心を捨て、アノニマスな存在としておカネだけを愛おしく思うということを、ひとりひとりが喜び望んで選び取っているということです。

アノニマスな存在であることは、たしかに自由です。何のしがらみもなく発言することができますが、そういう自由で匿名で流動的な社会において、果たして人間は、幸福感や充実感を得ることができるのでしょうか。

そういう状況に、わたしたちはこの先ずっと耐えて生きていけるのでしょうか。

たしかに自由になった。おカネもまあまあある、というより、あった、というべきでしょうか。その、ある意味では透明な存在として社会を生きる頼みの綱だったおカネが、浪費が過ぎてなくなってきたものだから、個人も社会全体も不安に陥っているのです。

しかし思い返せば、わたし自身が日本のいまに至る過程を歩んできたのです。この国の現状を正しく知るためにも、まずは己を、反省しつつ振り返る必要がありそうです。

第三章

消費ビジネスのなかで

アルバイター、社長になる

前の章でも少し触れましたが、わたしは大学卒業後、定職に就かず、しばらく「アルバイター」として生活していました。単に勤め人になるのがイヤだったからです。

そんなわたしがまともに働き始めたのは二十七歳になってから。ときは一九七七年、オイルショックの混乱など忘れたかのように、社会は落ち着きを取り戻していました。

働き始めたといっても、どこかに就職したわけではありません。「アーバン・トランスレーション」という翻訳会社を友人たちと立ち上げて、東京・渋谷は道玄坂の百軒店《ひゃっけんだな》という一画に、事務所を構えることになったのです。

創業メンバーは、わたしのほかには、小学生のころからの友人の内田樹くんと、アルバイト先で一緒だった中学校の同窓生の横山透くんの二人。経理の女性社員の手も借りてはいましたが、実質的には、二十代後半の血気盛んな男三人で会社を立ち上げました。そのなかで、わたしが何となく社長を名乗るということになりました。

会社の設立資金は、親から借りた資本金と、以前のアルバイト先で知り合った翻訳者から借りた四〇万円。みな貧乏で自己資金もありませんでした。むろん、どこの馬の骨ともわからない若者たちに、おカネを貸してくれる銀行があるわけもなく、虎の子の四〇万円で、法人設立登記やら事務所設立やらの諸経費をまかないました。

ただ、会社を立ち上げたのはいいものの、予想どおりというべきか、実績もない若僧三人が経営するちっぽけな企業に、仕事を好き好んで頼む人などそうそういません。たしか、最初の一カ月に手掛けた仕事はたったの二件、売上は足して十数万円程度しかありませんでした。

それではどうにも生きていけない。ということで、わたしたちは間もなく学習塾を始めます。高級住宅街の白金で開いた「白金ゼミナール」という塾です。

場所を提供してくれたのは、当時、日本の五大商社のひとつといわれていた安宅《あたか》産業の課長さん（安宅産業は、そのすぐ後に破綻してしまい、伊藤忠商事に吸収されました）。こちらも以前のアルバイト先で知り合った方です。

その方は、白金に投資用のマンションを買い、ローン返済のために、カネはないけどイキだけはよさそうな若僧を捕まえて、「ここで塾をやらないか」ともちかけます。こちらはこちらで、生きていくためにおカネが必要な身、喜んでその話に乗ったというわけです。

そこは、基本的には受験塾でしたが、フランス語や映画なんかも教えていました。受験については、その道のプロといえる友人がテクニックを徹底的に叩き込み、一方で、勉強の面白さを知ってもらおうと、教養というか趣味的な講座も開いていたのです。

わたしや内田くん、受験のプロさながらの佐野くんという友人は、そのころちょうどオートバイに乗り始めました。革ジャンを着てブーツを履《は》き、教室のドアを足で開ける。そんなやんちゃな若僧が開く塾は、近所で評判になりました。とくに父兄に人気で、瞬《また》く間に生徒が一〇〇人ぐらいまで膨らみました。

安宅産業の課長さんの月々のローンは七〜八万円。それをわたしたちが家賃代わりに支払うと、課長さんは、自分の財布から一銭も出さずに不動産が手に入るという算段です。その人はうまく考えたわけですが、塾の収入から、家賃を払った残りをみんなで山分けすると、わたしの月収はすぐに二〇万を超えました。当時の大卒初任給が一〇万円ほどでしたから、わたしたちもちょっとした稼ぎを手にするようになったのです。

そして、稼ぎのうちの五万を自分の生活費に充《あ》て、残りを会社の運営資金に回して、翻訳会社の息をつないでいました。会社設立の翌年、わたしは二十八歳で結婚もしました。

楽しくわいわい働いて

塾もやりながら、アーバン・トランスレーションの営業にも力を入れました。

わたしと内田くんは、まずアタッシュケースを手に入れました。ビジネスマンを気取り、スーツを着込んでアタッシュケース片手に、二人で営業に飛び回りました。その甲斐《かい》あって、売上は毎月毎月右肩上がりで伸びていきました。

一九七三年のオイルショックをきっかけに、高度経済成長期は終わりを迎えますが、日本はゆるやかだけど確実な成長軌道に乗った状態が続きました。高度経済成長期は、成長率が高いとはいえ、もともとが貧しい状態です。今日より明日がよくなる確かな実感をもてていたのは事実ですが、いまの生活レベルと比べれば、足りないものがまだまだたくさんありました。

その点、わたしたちが会社をつくった時代である「相対安定期」には生活水準もずいぶん向上し、そのうえで毎年三〜四パーセントの経済成長を続けていました。その間に、日本は「Japan as No.1」と呼ばれる経済大国となり、豊かな暮らしが国中に広がっていきます。わたしたちも、そういう時代の恩恵にあずかることができたのです。

当時、日本で勢いがあったのはプラント輸出です。油田開発や天然ガスの液化、海水淡水化などの工場をつくるためのドキュメント一式まるごとを翻訳する必要がありました。日本企業が主に中近東や北アフリカ、南米に出向いて受注してきたビジネスです。

いまも続くビジネスですが、二〇一〇年に起きた「アラブの春」以降、中近東や北アフリカは政情が不安定になっています。その影響で、二〇一三年一月、プラント開発大手・

日揮の社員が、北アフリカ・アルジェリアの天然ガス精製プラントで襲撃された事件が起きたことを覚えている人も多いでしょう。

プラント輸出の仕事は、プラント開発や重化学工業の企業が、日本の総合商社と一緒になって現地で仕事を取ってくるところからスタートします。契約書類はもちろん現地の言葉。わたしたちは、その契約書類の翻訳をお手伝いしていました。

たとえば、北アフリカの場合、ビジネスでは主にフランス語が使われます。取引は競争入札が一般的です。フランス語で書かれた工事の仕様書に従い、応札書類を作成し、価格を含めた取引の諸条件が合えば契約に至るという流れです。仕様書はだいたい段ボール一箱ぐらいはあろうかという分量で、それに対する応札書類も、厚さにすると二〇〜三〇センチメートルにはなる大量の文書を翻訳する必要があります。

わたしたちは、その翻訳を一手に引き受けました。ひとつの案件で二〇〇万〜三〇〇万円、多いときで一〇〇〇万円にもなる大仕事です。

たとえばアルジェリアのプラントの仕事であれば、入札書類のフランス語を英語に翻訳し、日本企業の人が英語を読み、次に英語でつくった応札書類をフランス語にする。だいたい、フランス語、スペイン語、ポルトガル語と英語を扱っていました。

そこで活躍したのが、フランス語と英語を両方使えるベルギー人です。同じ発想で、南米の案件のときは、ポルトガル語やスペイン語と英語の両方をできる外国人に、翻訳をお願いしていました。ネイティブの翻訳者を雇うのも当時としては斬新《ざんしん》で、だいたい二〇人ぐらいの外国人の契約スタッフがいました。

そういうわたしたちのやり方が評判を呼び、ビジネスは徐々に上向きました。みんなで楽しそうにわいわい働いていたのも大きかったのかもしれません。わたしたちも、出来上がった翻訳をタイプして綺麗に製本したり、翻訳の回収や納品のためにバイクで走り回ったりしていました。翻訳と製本屋といまのバイク便の走りのようなことをやっていたわけです。

ちなみに、ネイティブの外国人をどうやってリクルートしていたかというと……、要は「ナンパ」です。七〇年代後半の東京・六本木には、ベトナム戦争帰りの外国人なんかもいました。日本語学校の前で張り込みをして、頭のよさそうなのを見つけては、「ちょっとちょっと」と声をかけ、まるで宗教でも勧誘するかのように、「いい仕事あるんだけど……」と、話をもちかけていました。

といっても、わたしがまともな英語を話せたわけではありません。「Translation. You can get money!」とかデタラメな英語で口説《くど》こうとしていたわけで、よく二〇人も集まってくれたと思います。こっちには社長の自覚なんてどこにもなく、ただひたすら楽しんでいたことを懐かしく思い出します。

がむしゃらに働いたその先に……

内田くんは、研究に専念するために、二年で経営から身を引きましたが、残ったわたしたちは、毎日毎日、ただがむしゃらに働きました。

あのころ、夕食を家で食べたという記憶はありません。だいたい夕方の五時か六時ごろに、会社のみんなで外にご飯を食べに行くのが日課でした。渋谷の町に溢れかえる、家路を急ぐサラリーマンを見て、「オレたちの仕事はこれからだぜ」と、静かに闘志を燃やしていました。毎夜毎夜、十一時、十二時まで働いたものです。

わたしたちを衝《つ》き動かしていたのは、おカネではありません。

当時は、起業とかベンチャーとかいう言葉すら存在しなかった時代です。そんな時代に就職もせず、自分たちで会社を立ち上げたわたしたちは、世間から「どこの馬の骨ともわからない若僧たちが……」と見られているのを自覚していました。会社に集まってくるのも、普通の組織では使いものにならない、どうしようもないあぶれ者ばかり。

わたしたちの存在を世に知らしめるには、仕事で結果を出すしかありません。「アーバン・トランスレーションという会社をつくったのはこいつらだ」と世間に認めさせるために、わたしたちは遮二無二《しゃにむに》働いていたのです。いわば、自分たちの存在証明のために、あるいは、梁山泊《りょうざんぱく》のような場所をつくるために、必死になっていたのです。

「会社を大きくして、『アサヒ芸能』で紹介してもらおう」が、口癖でした。わたしたちは、ビジネスというよりもむしろ、表現行為をしていたのです。おカネを稼ごうなどと考えたこともありません。でも、だからこそ、わたしたちのビジネスは成功したのだと思います。二〇〇〇年前後には、社員六〇～七〇人、年間の売上は七～八億円になっていました。会社の業績は、その間ずっと右肩上がりでした。

わたし自身、もともと社長になりたかったわけでもありません。会社を立ち上げてからも、社長としての自覚をもったことはほとんどありませんでした。会社を続けていたのも、生きていくために始めた商売がたまたま当たり、仲間とわいわい仕事をするのが楽しかったというだけのこと。ビジネスをしているという実感ももっていませんでした。

その調子で、最後まで駆け抜けられるかと思っていましたが、そうはいきませんでした。

いま思えば、九〇年代半ばのオフィスの移転が、ひとつの転機になったように思います。社員が増えてオフィスが手狭《てぜま》になり、いくつかのオフィスを移転した後に、千駄ヶ谷の明治通り沿いにあるビルのワンフロアを丸ごと借り切ることにしたのです。

そこは、広さが数百平米もあり、しかも、あろうことか社長室なるものができてしまいます。そこにソファを入れたのがいけなかった……。社業は順調、自分は社長室にいるだけで、会社も自分の給料も何となく回ることが見えてしまうと、仕事が途端に面白くなくなって、一日の大半をソファで寝て過ごすようになってしまったのです。

早い話が、「社長業」にまったく興味をもてなかったということです。次第に、社長室にいるだけの退屈な日々に飽き、何か別なことをしたいと思うようになっていきました。

「暗黒の十年」の始まり

九〇年代の半ばから、身も入らないのにずるずると社長を続け、気づけば会社の立ち上げから四半世紀がたとうとしていました。「このままではまずいよな……」と焦りが募っていたころに、いくつかのことが重なって、一九九九年にアメリカ西海岸のシリコンバレーで会社設立に携わることになります。

それが、ベンチャー起業の立ち上げや成長を支援するインキュベーション（孵化《ふか》）を業とするBusiness Café Inc.という会社です。翌二〇〇〇年には、Business Café Inc. を日本からサポートする組織として、ビジネスカフェジャパンを立ち上げることになりました。

もともと、わたしはこのインキュベーション事業のアドバイザーのような役割を頼まれていましたが、いつしか「日本の組織の社長はヒラカワさんに」という流れになっていました。最初は抵抗しましたが、新しいことをやりたい欲求には勝てず、社長を引き受けることにしました。

二〇〇〇年前後は、アメリカも日本もＩＴバブルのただ中でした。ビジネスカフェジャパン設立の際に、出資を求めてあちこちプレゼン詣《もう》でに行くと、なんと五億円もの大金が集まります。出資に応じてくれたのは、アメリカ商工会議所のメンバーやら日本の銀行やら通信会社やら。「使ってくれ」と、億単位のおカネを託されたのは人生ではじめての経験でした。

その顛末《てんまつ》はというと……。十年で五億円を使い果たし、会社を畳むというものでした。いい加減にやっていたわけではなく、一所懸命でした。が、何も生み出さずに人件費と投資失敗の山で瞬く間におカネが消えていった。それが、わたしの「暗黒の十年」です。そのときの体験から、わたしは株主主権や成長至上主義の限界を痛感するようになるのです。

二〇〇四年までのあいだ、わたしは、ビジネスカフェジャパンとアーバン・トランスレーション、二社の社長を兼ねていました。二足のわらじを履きこなすため、ビジネスカフェジャパンのオフィスは、アーバン・トランスレーションの近く、千駄ヶ谷に構えましたが、どうにもうまく回らない。一九九九年からの五年間はビジネスカフェジャパンにほとんどかかりっきり、アーバン・トランスレーションの社長としてはほとんど機能しませんでした。二〇〇四年にようやくけじめをつけて、引き受けてくれる人に会社を譲りました。

ベンチャーの寵児と呼ばれ

二〇〇〇年以降の十年が、わたしにとってどう「暗黒」だったかというと、つまるところ、わたしが入り込んだ「場」の居心地の悪さに、耐えなければならないことでした。

マスコミはしきりと、「IT革命だ」「ニューエコノミーだ」「ベンチャーブームだ」と煽《あお》り立て、その流れに乗った大学の先生たちも、経営理論やマーケティング理論をもち出して「新しい時代の到来」を喧伝《けんでん》します。渋谷がシリコンバレーを真似て「ビットバレー」などと呼ばれたり、IT企業を立ち上げた人たちが「時代の寵児《ちょうじ》」ともて囃《はや》されたりしました。わたしもなぜかそのひとりに数えられ、強烈な違和感を抱えながらも、集まってしまった五億円ものおカネを何とかすることだけを日々考えていました。

こちらになまじおカネがあるものだから、まわりには「ベンチャー・キャピタリスト」とか「インキュベーター」とか「インベストメント・バンカー」とか「コンサルタント」と呼ばれる横文字系の人たちが出没します。どこそこの有名大学のMBA（経営学修士）

を取った人たちも、一緒に働かせてくれと集まってきます。

かれらはみな、わたしがそれまでの人生で付き合ったことのない感じの人たちでした。ずっと「居心地の悪さ」を感じていたのですが、そういう新しい感覚をもった人たちが、新しい時代や文化をつくり出すのかもしれないという期待もありました。

その期待に引っぱられてか、わたしは結局十年ものあいだ、かれらの片棒を担《かつ》ぐことになります。たとえば二〇〇一年に、「アントレプレナー・オブ・ザ・イヤー」という起業家を表彰・奨励するイベントを立ち上げました。総合プロデューサーとしてイベントを切り盛りし、「時の人」、ホリエモンこと堀江貴文さんを呼んでシンポジウムをやったこともあります。

そのときのオープニング・セレモニーのパーティーで、こんなことがありました。ホテルの一室を借り切り、出資者や支援者を招いての立食パーティーです。

パーティー会場を何気なく歩いていると、イベント主催者の何人かが、わたしが近くにいるのも気づかずに、わたしの話をしていました。「ヒラカワさんは素晴らしい。素晴らしいけど、でもダメだね」なんて言うわけです。何がよくて何がダメかと聞き耳を立てていると「ヒラカワさんは、アイデアはすごくいいんだけど、おカネに興味がない」と言います。「あの人は、おカネに興味がないから、そういう意味では商売人としてはダメなんじゃないか」という話です。

わたしがかれらと仕事をしていることに感じていた「居心地の悪さ」というのは、いってみればこのことに尽きます。

当時もいまも、アーバン・トランスレーションを立ち上げたときからずっと、わたしはおカネに無頓着《むとんちゃく》な人間です。そういう人間が、おカネを一円でも増やすことに執念を燃やし、労せずにあわよくば何倍何十倍にもおカネを増やそうとする人間と、うまくやっていけるわけがない。

その違いが「居心地の悪さ」となっていたわけですが、当時のわたしは、その違いを、新しい何かをつくる可能性だと思い込もうとしていました。

もうひとつ、アントレプレナー・オブ・ザ・イヤーのエピソードを紹介しましょう。

たしか二度目の会だったと思いますが、ベンチャーの寵児と呼ばれる経営者たちや、かれらを高く評価する大学の先生たちを一〇人ぐらい集めてシンポジウムを開きました。

司会を担当していたわたしは、登壇者たちからずいぶんと顰蹙《ひんしゅく》を買うことになります。

思わず、「アントレプレナーだなんだといっても、それが別に何か価値があるわけでもない。結局は地道にちゃんとやらなきゃダメだ」という発言でその場を締めてしまったからです。わたしはそれほどまでに、アントレプレナーがもて囃される時代の空気に、違和感を抱いていたのです。

株主資本主義のど真ん中

ここで少し、ビジネスカフェジャパンの事業内容を補足しておきましょう。ひとことで表現すれば、将来性のあるベンチャーに出資し、出資先が利益を出せるようになったら、配当あるいは株式売却で投資を回収するというビジネスモデルです。ベンチャー・キャピタルといってもいいでしょうし、投資会社とかインキュベーターと呼んでもいいでしょう。

出資先が成長しないと、ビジネスカフェジャパンは一円も収益を得られません。そのためにまず重要なのが、面白い事業アイデアや革新的な技術をもっている会社を見つけてくることです。アイデアや技術をタネから育てていきます。

めでたく出資につながると、見込んだタネを育てるために、出資者、つまり株主としての権利を行使します。事業内容にあれこれ注文をつけ、役員を送り込み、企業どうしのマッチングのようなこともします。あの手この手で、投じた資本から最大の利益を上げられるようにするのが、ビジネスカフェジャパンでの仕事でした。

要するに、株主資本主義のど真ん中にいたということです。株主にとっては利益の最大化こそが正義で、株主の当然の権利として、出資先が利益を上げることをひたすら求めていたのです。かつてメディアを賑《にぎ》わせた投資ファンドの連中と、やっていることは何ら変わりません。

わたしたちが株主として出資先に対して求めたことは、わたしたち自身がわたしたちの株主から求められていたことでもありました。「カネをどんどん投資してとにかく増やせ」と求められ、五億円もの大金を、次から次へと出資していきました。

投資先は全部で二〇社ほど。驚くことに、そのすべてが数年で消えてなくなりました。どの会社も、まともな利益を上げることができず、数年で倒産してしまいました。

見る目がないといわれればそれまでですが、わたしひとりで出資先を決めたわけではありません。「投資委員会」なるものをつくり、名だたるＩＴ企業の経営者やインターネットの専門家、大手広告代理店のコンサルタントがメンバーとして集まっていました。

そういう「成功者」たちの眼鏡に適《かな》った会社が、ことごとく沈んでいったということです。とかく、勢いのある企業の経営戦略がもて囃されますが、だからといって、同じ戦略や理論を別の会社で再現できるかといえば、そうはいきません。結局のところ、会社がうまくいくかどうかは人であり、多くの場合、成功のカギは運に支配されているということです。投資会社などというのは、どれだけ小理屈を並べてみても、本質は博打《ばくち》と何ら変わらないということです。

ということに、わたしは五億円という大金と、十年という時間を空費して、ようやく気づくことになりました。遅すぎますよね。

打開策の一手のはずが窮地に陥る

おカネでおカネを増やす投資ビジネスのただ中にも、希望を感じさせる出会いがなかったわけではありません。

それが、リナックスというオープンソースOSとの出会いです。開発者たちは一円の報酬も手にせずに、ボランティアでマイクロソフトのOSに替わる、無償のソフトウェアを世に送り出してしまうという離れ業です。それを可能にしたのが、インターネット空間にできたコミュニティでした。

このリナックスが、次のビジネスのヒントになりました。リナックスのOSと理念をリアルの世界に広げるため、カフェというリアルな場を拠点に、コミュニティビジネスを展開するという着想を得ます。二〇〇一年、ビジネスカフェジャパンやわたし個人も出資して立ち上げたのが、リナックスカフェという会社です。

千代田区は秋葉原にあるビルを一棟使い、一階にカフェを開き、上の階でリナックスの教育や、地域のIT化支援をする。このビルを使えるようになったのは、千代田区のビジネスコンテストで優勝したという経緯がありました。

リナックスカフェの社長は、当時のわたしの部下に任せました。わたしはリナックスカフェの代表取締役会長という立場で、必要に応じて秋葉原に指令を出すというフォーメーションです。

ただ、いま思えば当たり前のことですが、リナックスという無償OSでビジネスをつくることには無理がありました。無償OSをどれだけ広めたところで、わたしたちの手元には一銭もおカネが入ってこないからです。

わたしたちの懐《ふところ》を潤《うるお》してくれるのは、カフェの家賃収入と、入居してくれたリナックスベンチャー企業からの家賃だけ。リナックスカフェの経営は出だしから青息吐息《あおいきといき》です。親会社のビジネスカフェジャパンも、出資先からの配当収入を得られる見込みがなく、二〇〇〇年代前半の早々に、この新しい事業も窮地に陥ってしまったのです。

そもそも、リナックスカフェの事業は、立ち上げ段階から危うい気配が漂っていました。

まず、事業を始めるにあたり、三億円の出資をあてにしていたのですが、半分の一億五〇〇〇万円しか集まりませんでした。ビル一棟の内装をまるごと変えるのに、一億五〇〇

○万円もかかってしまい、調達した資金が初期投資だけですべて吹っ飛ぶことになりました。これがひとつ目の大誤算です。

もうひとつの誤算は、ビルの工事費が一億五〇〇〇万円に収まらなかったことです。内装工事の途中で、リナックスOSを入れたコンピュータを一〇〇台以上動かすには電源工事が必要なことが判明し、さらに五〇〇〇万円かかることになりました。要するに、スタート時点で五〇〇〇万円の赤字を背負うことになったのです。

それでも、わたしはあまり心配していませんでした。内装と電源の工事を担当したゼネコンは、プロジェクトを一緒に進めてきたメンバーで、かれらを仲間だと思っていたからです。こちらが困ったときは助けてくれる……と、思っていたら、それは単なる淡い期待でしかありませんでした。

工事が終わるやいなや、それまで一緒にプロジェクトを進めてきたゼネコンのメンバーは顔を見せなくなります。代わりにやってきたのが、債権回収を専門にする部隊。かれらが主張するのは、「この未払いの五〇〇〇万円をとにかく早く決済してくれ」の一点張り。何とかしろといわれても、手元がすっからかんの会社に、五〇〇〇万円をすぐ払うのは無理な注文です。「払いたいけどいますぐは払えない」といっても、向こうは「期日があるからダメだ」と返すばかり。粘った末にようやく出てきたのは、手形に分割して支払うという案です。

とはいえ、毎月の支払い額は数百万の単位です。カフェの家賃収入しかないわたしたちが、返済を続けていける見込みは、ほとんどゼロに等しい状況です。手形の不渡りは、事実上の倒産を意味します。わたし個人が全額を肩代わりできるわけもなく、会社を清算して自己破産するシナリオが、一気に現実味を帯びてきました。

おカネも人も逃げていく

人生最大のピンチ——、のはずですが、不思議と危機感はありませんでした。申し訳ないとは思うものの、払いたくても払えないものは払えません。それで命まで取られることはないだろうと、腹をくくりました。

ただ、いきなり会社がなくなったのでは、社員（当時六名）を路頭に迷わせることになります。そうなる前に、社員を集めて状況を伝えました。「いつまで会社を続けられるかわからない」と告げると、四人の社員が残ってくれることになりました。しばらく給料はなくとも、生活費をとことん切り詰め何とかこの事業を成功させるためにがんばりたいと言ってくれました。

もちろん、現実的にはそう簡単に事業を軌道に乗せることはできません。とにかく売上を立てる必要がありました。そこから新たに、システム開発やコンサルティングの事業を手掛けることにしました。

それでも、毎月何百万円ものカネを返し続けるには十分ではありません。売上の不足を補うために、銀行からの融資を得る必要がありました。

ところが、リナックスカフェの社長を任せていたわたしの部下が「祖父の代から保証人になることを禁じられています」とうろたえてしまった。それでわたしが借金の連帯保証人となり、結局リナックスカフェの社長もわたしが引き受けることになります。

銀行を巡り「この会社、いまはダメでも将来性があります」と力説し、奇跡的に一億円の融資を受けることができました。千代田区が関わる事業だということも、プラスに働いたのだと思います。

こうしてどうにか生き延びたリナックスカフェに、次なる転機が訪れます。

それは二〇一一年、もともと十年の期間を定められていたプロジェクトの最後の年に、東日本大震災が起こります。その結果、老朽化した建物に倒壊の危険があるとの理由で、二億円を投じたビルと別れを告げることになります。二〇一一年末にはカフェを閉め、オフィスは秋葉原にほど近い台東区に移転しました。いまは当初の構想とは異なる事業を展開しています。

いまのリナックスカフェの課題は、ビジネスの根っこがないことです。アーバン・トランスレーションは、翻訳という根っこをもち、歴史を積み重ね、顧客との関係を築いてきました。けれども、リナックスカフェには歴史もなければ固定客もいません。わたしも六十代に差し掛かり、昔のようにがむしゃらに働くこともできないいま、どうやって自分と社員の暮らしを成り立たせるか、それが大きな悩みのタネです。

この「暗黒の十年」を振り返ると、わたしの目の前から、七億円もの大金が消えてなくなってしまいました。ビジネスカフェジャパンが投資した五億円と、リナックスカフェに注《つ》ぎ込んだ二億円。経営者として力がなかったといわれればそれまでですが、わたしの手元には、そのときの借金がまだたくさん残っています。

つくづく不思議だと思うのは、おカネという代物《しろもの》です。アーバン・トランスレーションのときは、おカネ欲しさに働いていたわけではないですが、だからこそ、おカネのほうが寄ってきて、稼ぎを得ることができました。

ところが、ビジネスカフェジャパンもリナックスカフェも、おカネに困り、おカネが喉《のど》から手が出るほど欲しいと思えば思うほど、おカネがどんどん逃げていきます。おカネでおカネを増やす世界で、ずっと働き続ける人たちは、いったいどういう人種なのだろうと、自分との違いを感じざるをえません。

そして、おカネを求めてわたしのところに群がってきた、どこぞのMBAの取得者たちは、カネ回りの悪くなった会社から、我先にと逃げていきました。「ツラいときこそ一緒にやるんじゃないの」と引き留めても、「こんな会社に未来はない」と捨て台詞《ぜりふ》を残して去っていった者もありました。

「戦略コンサルタント」として

わたしが「暗黒の十年」の経験で学んだこと。それは、カネで集まってきた連中は、カネがなくなれば去っていくという単純な事実でした。そして、事業においては、実質的には、最終的な責任は経営者がかぶらざるをえないということです。リナックスカフェの借金で、わたしはそのことを痛感しました。

次第に、このときの暗澹《あんたん》たる気持ちを言葉で表現したい思いが芽生えてきました。自分が何を学んだかを、書く作業を通じて確認したいと思うようになったのです。

そんなとき、ひょんなところからオファーをいただき、本を書くことになりました。それが、『反戦略的ビジネスのすすめ』（洋泉社、二〇〇四年十一月刊、二〇〇八年六月に『ビジネスに「戦略」なんていらない』と改題・改訂され、洋泉社新書yより刊行）です。

この本を書く直接のきっかけは、小学生のころからの親友にして、アーバン・トランスレーションをともに立ち上げた盟友の内田樹くんです。

わたしがアーバン・トランスレーションの社長だったころ、毎年はじめに社員にメッセージを渡していました。かれらはよく、「何のために働くんですか？」とか「何で自分はこんな給料なんですか？」とか、わたしからすれば、なぜそんな疑問をもつのか理解に苦しむ質問を投げかけてきました。そういう質問にまとめて答えるために、文章を綴《つづ》って渡していたのです。

その文章を内田くんにも渡したところ、かれが面白がって自分のブログに掲載してくれました。それを見つけた洋泉社の渡辺さんという編集者が、わたしのところに書籍のオファーをもちかけてきたのです。なんでも、わたしが書いた「ビジネスは一回半ひねりのコミュニケーション」という言葉や、戦争の言葉でビジネスを語ることへの違和感を、本にして読者に届けたいというのです。

いまとなっては赤面ものですが、当時のわたしは「戦略コンサルタント」を名乗っていました。こんな本を書いたら自己否定になるし、ただでさえ苦しいビジネスが余計に大変になる……とも思いましたが、書きたい気持ちには勝てず、執筆を引き受けました。

結果は案の定……、戦略コンサルタントの仕事の依頼は一切来なくなりました。

自分がやってきたことを振り返ると、アーバン・トランスレーションにしろ、このときの本にしろ、自分でつくったものを自分で壊すことばかり繰り返しているように思います。あとになってみると何ともバカげた気分になりますが、そのときどきの自分はいたって大真面目です。

それからのリナックスカフェは、まさに「小商い」です。社員数名でできる範囲に事業を縮小し、『反戦略的ビジネスのすすめ』に関する講演やらを引き受けて、できることを確実にやりながら、少しずつ信用を積みあげるビジネススタイルに変えていきました。

戦略なんてウソっぱちだ

わたしがビジネスの「戦略」を本格的に学んだのは、Business Café Inc.の設立の際にシリコンバレーに行ったのがきっかけです。

当時のシリコンバレーは、九〇年代前半に始まったインターネットブームで新興企業が次々と生まれ、そこにコンサルティング会社も入り込んでいました。

それを横目に見ていたわたしは、アメリカ流のビジネス戦略を勉強します。かれらが仕掛ける戦略とは、要するにどう市場を開拓し、商品を売るかというマーケティング戦略です。

当時読んでいた本のなかに『戦略サファリ』（東洋経済新報社、一九九九年）というのがあります。著者のひとり、ヘンリー・ミンツバーグという経営学者が、古今のマーケティング戦略論を一〇の学派に分類し、それぞれの長短を批判的に論じていました。

そういう戦略を日本でも導入しようと、わたしも「戦略コンサルタント」を名乗り、大企業相手にコンサルティングを担当したこともあります。経営幹部を集め、新商品の市場開拓や用途開発の戦略を、マーケティング理論に沿って指南するという仕事です。

ところがこれは、どこまでいっても猿真似にしかなりません。自分で体得した思想などどこにもなく、「アメリカではこういうことがおこなわれていて、それが世界の常識です」と吹き込むだけだからです。

そんなことを人前で力説していると、当の本人の居心地が悪くなってきます。それで話が乗ってくると、つい、「戦略」を否定する話を始めてしまいます。「こんな理論がありますが、実際には当てになりません」などとぶっちゃけてしまう始末です。

話を聞いている人は、それを漫談のように面白がって聞いてくれても、会社としては、そんなコンサルタントを雇い続けるわけにはいきません。企業として実になる成果を残せていない以上、それは当然の話です。

マーケティング戦略の肝《きも》は、市場のないところに市場をいかにつくり出すか、要するに「市場創造」ということに尽きます。

それはすなわち、前の章で見た、テレビが各家庭に何台も入っていくプロセスそのものです。企業はテレビを何台も売るために、地域も家族も細分化して「個人」をつくり出し、「個人」の欲望を喚起して、「消費者」に仕立て上げていきました。

それが「市場創造」です。つまり、企業の「戦略」なるものは、顔のない消費者を生み出し、かれらの群れのなかに、欲望という名のエサを投げ込むということなのです。

「戦略」の勉強をすればするほど、勉強の成果をもとに企業にコンサルティングを提供すればするほど、心に芽生えた自己嫌悪が大きくなります。「こんなことを人間はよく飽きもせずに続けているものだ」とバカらしい気持ちが芽生え、そうと気づきながらそれに加担している自分が徐々に許せなくなってきます。自分が何のためにこんなことをしているのか、わからなくなってくるのです。

そんな具合で、自分の立ち位置をどこに置けばいいのか、よくわからなくなっていました。顧客企業を儲けさせ、それによって自分の会社が収益を得るには、どこかで自分にウソをつかなければいけない。それが次第に重荷になり、おまけに『反戦略的ビジネスのすすめ』などという本を書いてしまったからなおさらです。本に書いたこととやっていることが違うことに、自分でも向き合わざるをえなくなります。

そうなると、もうホンネのほうに合わせていくしかありません。自分の気持ちにウソをつかず、それでも食べていくためにどうしたらいいかを考えた結果、いまのリナックスカフェのビジネスの形に辿り着きました。

けれども、このビジネスはあまり人にお勧めできません。自分でもビックリするぐらい儲からず、借金を返すのも時間がかかるし、この先どうなるかわからないからです。

ただ、精神的には以前よりずっと楽になったのはたしかです。自分のやってきたことを見つめ直し、物事を深く考える経験から得たものを、いまのビジネスに活かすこともできています。そういう試行錯誤を通じて「小商い」、そして「脱・消費者」という方向性が見えてきたのです。

反知性主義的な生き方を知性主義的に解明する

ビジネスカフェジャパンをやっているあいだ、シリコンバレーと東京を何度も行き来していました（住んだことはありません）。向こうにもオフィスを構え、多いときは毎月のように足を運び、行けば一週間ぐらいは滞在していました。

けれども、「暗黒の十年」も半ば以降に差し掛かると、向こうに着いて二日もすると日本に帰りたくなってしまいます。それほど、シリコンバレーはわたしに合いませんでした。

シリコンバレーを好む人たちは、アメリカ流のアグレッシブな人間像を肯定します。ビジネスの目標は、成功して富を手に入れることであり、人生の勝利者になることだというものです。そうやって、成功すればこそ、地域に貢献し社会に貢献することができる。

わたしからすれば、「そこには何かが足りない」という感じが拭《ぬぐ》えません。何が足りないかといえば、物事を批判的に捉え、徹底的に思考しようとする知性です。シリコンバレーに充満するアメリカ的起業家精神には、知性が決定的に欠けていると感じていました。どうしてシリコンバレーから知性がなくなってしまうのか――。その疑問を氷解させてくれたのが、『アメリカの反知性主義』（リチャード・ホーフスタッター、みすず書房、二〇〇三年）という大著でした。

アメリカで成功を夢見て懸命にがんばる人たちも、わたしの知りえたかぎりでは、人間的にはみないい人でした。けれども、思考が表面的というかプラグマティックというか、人間の見方が非常に一面的で、あらゆる行動をおカネに還元する傾向がありました。それは、「アメリカ建国の父」のひとり、ベンジャミン・フランクリンの「早寝早起きは、人を健康、富裕、賢明にする」という言葉にもよくあらわれています。寸暇《すんか》を惜しんでビジネスに励むべしということです。その意味では、日本の二宮金次郎も反知性主義の象徴です。

そういう場所では、知性を求める態度は軽蔑の対象になります。理屈をこねくり回して何もしない人間だとバカにされます。思索を深めてもおカネにはならないからです。

わたしは、知性に信頼を置いています。どうしても反知性主義のほうにはいけません。だから、シリコンバレー的な無邪気な起業家精神が、どうにも水に合わないのです。

ただ、ここが微妙なところですが、いまやシリコンバレーから足を洗い、日本に拠点を置いて「小商い」をやり始めると、自分のなかにも、反知性主義的な何かが流れていると感じざるをえません。休むこともなく、寸暇を惜しんで懸命に働いていた父の姿が、ことあるごとに頭に浮かんできます。父はわたしに対して「手に職をつけろ」「知識なんて役に立たない」と口うるさく言っていました。働くことに対するわたしの原初的なイメージは、紛れもなく反知性主義なのです。

わたしは、この日本独特の労働エートスの世界から、一度は飛び出した人間です。反知性主義に抗《あらが》うように知性を志し、そこから、自分がもといた場所に戻ってこようとしています。そこには、何か「語るに足る人生」があるはずだと、わたしの心が強く感じているからです。

この、一見すると反知性主義的な生き方のなかに、人生を意味あるものにする何かがあるはずだ——。それを知性主義的に解明することが、『反戦略的ビジネスのすすめ』を書いて以来、わたしの大きなテーマとなっています。

ビジネスと詩を書くことは同じ

アーバン・トランスレーションで働いていた当時、わたしは仕事やビジネスを、こんなふうに考えていました。ビジネスとは、たとえば哲学書や文学を読んだり、小説や詩を書いたりするのと同じこと、まったく等価なことだ——と。

わたしは、二十七歳で会社を立ち上げ、二十八歳で結婚するころまで、詩を書き綴っていました。言葉を使って、自分の思想や哲学を表現したいと思っていたのです。

会社を立ち上げて間もなく、わたしは詩を書くことをやめました。ビジネスが、わたしにとって表現行為だったからです。だからこそ、わたしは自分の存在証明のためにがむしゃらに働いたのです。

三十一歳になった年（一九八一年）には、書きためた詩をまとめ、『絵画的精神』という本を自費出版で制作しました。鉛筆舐《な》め舐め、手書きでしたためた原稿を、タイプ印刷で仕上げた本です。ビジネスという新たな表現の世界に身を投じる自分が、この先、言葉で表現することはないだろうと、自分の気持ちに区切りをつけるための一冊でした。そうやって、わたしは「筆を断った」はずでした。それからほとんど四半世紀後に本の執筆依頼が来るわけですから、人生というのは本当に何が起こるかわからないものです。

このかつてつくった本をいまもときおり読み返しますが、驚くべきことに、現在わたしが書いていることのほとんどの根っこがその本にはすでに書かれているのです。

青年期特有の理屈っぽさがありますが、一部を引用してみます。


人は意味のない笑顔で他人を容れ、不本意な仕事に精力を注ぐ。けれどもこの無言の経験の堆積《たいせき》が持っている理不尽や不条理は、合理的な意味の体系から発せられる論難に対して常にひとつの強みを有している。俺の汗やなみだが知っていることは、俺の知識よりもいつも確実だったたし、信頼に足るものであったという開き直りがここでは許されている。


いま、豊かな可能性を感じる「小商い」という働き方についても、当時のわたしも何がしかの可能性を感じていたことがわかります。わたしに進歩がないといえばそれまでですが、人間は変わったと思っても変われないものなのですね。

ところで、わたしはこれまでものづくりに携わったことがありません。何をしていたかと問われると、かっこいいプレゼンで目眩《めくら》ましをすることが、わたしの仕事だったように思います。

プレゼンはわたしの特技でした。アーバン・トランスレーションの時代はそれでずいぶんと仕事をいただき、ビジネスカフェジャパンやリナックスカフェでは、巨額の出資や融資を引き出すことにも成功しました。

きっと、そういうことすべてがイヤになったのです。とくに「暗黒の十年」に突入すると、プレゼンに対する意欲が驚くほど萎《な》えていきます。「こんなくだらないものに時間を使いたくない」という気持ちが日に日に大きくなります。カネ儲けに時間を使うぐらいなら、本を読んだり映画を観たり、そういうところに時間を使いたいと、時間の「スペンド・シフト」が始まるのです。

長々と自分のことを語ってきました。こういうおっちょこちょいの日本人があの時代に存在していたという事実だけでもおわかりいただければ十分です。

問うべきは、なぜこういう日本人が生まれたか、でしょう。もちろん、わたし個人の性格的なことが大半であるのはいうまでもありません。

わたしがこのようなやっかいな人生を送る背景で、国家レベルではいったい何が起こっていたのか。再びマクロな視点で見ていくとしましょう。

第四章

あれは戦争だった

一九九〇年の衝撃

一九七三年から一九九一年ごろまでの「相対安定期」に起きた変化は、生産中心の価値観で動いていた社会から、消費中心の社会への転換でした。その変化が、「相対安定期」の次の時期になると、今度は少し違った形で進展します。

一九九〇年前後は、次への変化の端境期《はざかいき》にあたります。その時期、日本だけでなく世界中で驚くべき事件が次々と起こり、それがシフトを加速することになります。

まず、日本国内では、一九八九年に昭和天皇が崩御《ほうぎょ》されました。日本の戦後は、実質的には終わっていたというのは、それ以前からいわれていたことですが、戦中の名目的な政治責任者であり、日本国民の精神的紐帯《ちゅうたい》でもあった昭和天皇が亡くなり、本当の意味で戦後の時代の終わりが訪れます。それに伴い元号も昭和から平成に変わり、それまでとは違った様相が顕《あらわ》れてくるようになります。

同じ年、ドイツでベルリンの壁が崩壊するという歴史的な事件が起きました。自分が生きているうちにこんなことが起きるとは想像もしていなかった出来事です。オーストリア国境に接するハンガリーの小都市ショプロンでおこなわれた、東西の国民のピクニックによる交流が始まりでした。このイベントを機会に、大量の東ドイツ国民がオーストリアに脱出しました。やがてその数は増え続け、ついにはベルリンの壁を突き崩すほどの奔流《ほんりゅう》になったのです。

このヨーロッパ・ピクニック事件は有名ですが、それ以前より、東ドイツの国民は自分たちへの監視圧力と、不自由な生活にもはや耐えられない、限界だと感じていたのだろうと思います。東ドイツはシュタージという秘密警察に象徴される監視社会でした。しかしどれほど強圧的な政治圧力で国民を統治しようとしても、西側の自由な空気は工作員のビラやラジオ放送などを通じて東側に漏れていってしまう。この落差を知りながら耐え続けることに限界がきていたからこそ壁が崩壊することになったわけです。そして、この事件の後、あっという間に東西ドイツが統一されます。それが一九九〇年です。

一方で、ゴルバチョフのペレストロイカやグラスノスチという改革政策を経て、ソビエト連邦が解体へと向かいます。ベルリンの事件以上に、誰もが想像していなかったことです。

世界史を揺るがす大事件が、驚きをもって迎えられたのは、ソ連も東ドイツも、強固な体制を敷いていると考えられていたからです。ただ、盤石《ばんじゃく》だと見えていた体制が、じつは内側でどん詰まりになり、壊れ始めていたのです。体制が強固だった分、綻《ほころ》びが外に見えるようになるまでに時間がかかり、それが見え始めたと思ったら、一気にバサッと壊れたという感じです。

歴史においては、こういうまったく想像もつかないことが起こります。しかも連鎖反応のように立て続けに。だから、いまの安倍政権下の、無理筋とも思える経済成長戦略だとか、グローバリズム全盛の雰囲気だとか、消費文化が骨がらみになってしまったような日本の状況もそんなに悲観したものでもないといえるでしょうし、あるいは安心していてもいけないということもできます。何が起こるかわからないという気構えを、忘れてはいけないのです。

グローバリズムは日本の経済力が招いた

世界が揺れ動いた一九八九年、日本はバブル景気のただ中にありました。じつは、その少し前の一九八五年、プラザ合意というものがありました。これには、財政赤字と貿易赤字（輸入超過）の双子の赤字に苦しむアメリカが、貿易赤字を少しでも減らすために、ドル安円高に誘導したかったという背景があり、これに協調した先進五カ国蔵相の会議で合意されました。

日本は製造業が元気で、つくったものをアメリカにバンバン輸出して、すさまじい額の貿易黒字（輸出超過）を計上していました。アメリカは、それを何とかして食い止めるために、日米合意に加えてヨーロッパを巻き込む形で、円高に誘導しようとしたのです。円高になると、ドル建ての販売価格が高くなり、普通は輸出が不利になります。

ところが、こうしたアメリカの対日経済戦略にもかかわらず、日本の輸出は止まりません。それは、戦後四十年をかけて日本企業が蓄積した強さの賜物《たまもの》でした。トヨタのカンバン方式に代表されるように、すさまじいまでのコスト削減への努力、生産性向上運動の成果で、日本企業が世界市場を席巻《せっけん》していくのです。

さらに、プラザ合意以降の円高を背景に、日本は世界中の資産を買い漁《あさ》ります。三菱地所がロックフェラービルを、ソニーがコロンビア・ピクチャーズを買収します。それも一九八九年のことです。

企業だけではありません。ハワイのコンドミニアムを、軒並み日本人が買い占めるというようなこともありました。日本は向かうところ敵なし、飛ぶ鳥を落とす勢いで世界経済に君臨《くんりん》しようとしていたのです。

その日本に対し、危機感を抱いていたのがアメリカでした。

これは、外務官僚だった孫崎享《まごさきうける》さんが書かれた『戦後史の正体』(創元社、二〇一二年)に紹介されていることですが、一九九一年、ソ連が崩壊する少し前に、アメリカでシカゴ外交評議会という会議体が、あるアンケートを実施します。「米国への死活的脅威」は何かを問うアンケートです。

選択肢に挙げられたのは、「日本の経済力」「中国の大国化」「ソ連の軍事力」「欧州の経済力」の四つ。対象は政府や民間の指導者層と一般人。複数回答可のアンケートで、いずれの層でも六〇パーセント以上の人が「日本の経済力」を脅威と答えます（残りの三つの選択肢は、高いもので四〇パーセント台前半、多くが三〇パーセント台以下でした）。アメリカ国内に、「日本の経済力」を、ソ連の軍事力以上に警戒する空気があったとは驚きです。

このアンケートのすぐあとに、ソ連が崩壊して冷戦が終わりを迎えます。

アメリカという国は、建国以来、常にどこかと戦争しているようなところがあります。その最大の仮想敵がいなくなったこのとき、アメリカは、日本を仮想的な敵としてはっきり認識したのです。

その時点で、アメリカの対日戦略が変わります。それまでは、日本は同盟国の位置付けであり弟分のようなものでしたが、それ以降、表面上は同盟国を装いながらも、内実は仮想敵になったのです。

まず、銀行が標的にされた

そのあとどういうことが起こるかですが、じつはその布石が、一九八八年の段階ですで

世界の銀行の総資産ランキング

	1990年	2010年
1	第一勧業銀行（日本）	BNP パリバ（フランス）
2	三菱銀行（日本）	ドイツ銀行（ドイツ）
3	住友銀行（日本）	三菱東京UFJ銀行（日本）
4	太陽神戸三井銀行（日本）	HSBCホールディングス（イギリス）
5	三和銀行（日本）	バークレイズ（イギリス）
6	富士銀行（日本）	クレディ・アグリコル（フランス）
7	クレディ・アグリコル（フランス）	ロイヤルバンク・オブ・スコットランド（イギリス）
8	BNP パリバ（フランス）	バンク・オブ・アメリカ（アメリカ）
9	日本興業銀行	JPモルガン・チェース（アメリカ）
10	クレディ・リヨネ（フランス）	中国工商銀行（中国）

（資料） The Banker（フィナンシャル・タイムズ発行）

に打たれています。それが、先進一〇カ国中央銀行総裁会議（G10）が取り決めた「バーゼル合意」です。

これは、BIS規制という言葉のほうが広く知られているかもしれません。銀行は、自己資本比率が八パーセント以上ないと国際取引ができないという取り決めです。そういうルールが、合意とはいいながらも、ほとんど突然決まります。

三菱地所がロックフェラービルを、ソニーがコロンビア・ピクチャーズを買収する前から、日本企業によるアメリカ買いが大っぴらにおこなわれていました。向こうの不動産屋がバスを仕立て、日本企業の人間を乗せ、アメリカ不動産の下見ツアーを開く。そういうことがニュースでも報じられていました。不動産にかぎらず、美術品やら何やら、アメリカの資産を買い漁っていたわけです。

買うとはいっても、元手は自己資金ではありません。日本はバブルで土地も株も右肩上がりですから、銀行が湯水のように融資する。この日本の銀行の融資力を、アメリカは恐れたのです。

当時、日本の銀行の勢いがどれだけすごかったかというと、英国のフィナンシャル・タイムズが発行する業界紙である「The Banker」を見れば明らかです。世界の銀行の総資産ランキングで、一九九〇年のトップ一〇のうち七行が日本の銀行で、ベストスリーも独占しています。それが、BIS規制適用を経た二〇一〇年の同じランキングを見ると、ベスト一〇に日本の銀行はひとつだけです。日本の銀行は完全に狙い撃ちされたのです。

その間、日本の銀行に何が起きたかというと、相次ぐ合併と倒産です。自己資本比率を高めるため、資本力に不安を抱える銀行どうしが手を結び、銀行再編の波が起こる一方で、波に乗り遅れた小さな銀行がバタバタと潰《つぶ》れていきます。

いま、日本でメガバンクといわれるのは、三菱東京UFJ銀行、みずほ銀行、三井住友銀行の三行ですが、いずれも九〇年代後半の再編劇で大きくなった銀行です。かつての名残《なごり》は、名前にそのままあらわれています。UFJ銀行は、もともと三和銀行と東海銀行が合併してできた銀行ですから、三菱東京UFJ銀行は、もともと四つの銀行がひとつになったわけです。こんな長ったらしい名前は書くほうも大変です。

銀行再編のもうひとつのきっかけになったのが、日本の金融市場の国際化を目指す「金融ビッグバン」政策です。

まさに、グローバリズムが幕を開けた時代です。その引き金を引いたのは、もとを辿れば日本の経済力が強すぎたことでした。日本がすさまじい勢いでアメリカ買いを仕掛けたことにアメリカが脅威を感じ、日本を叩き潰す戦略を、グローバリズムの名のもとで、次々と実行していったのです。

仕掛けられていることにすら気づかない経済戦争

このときのいちばんの問題は、アメリカから経済戦争を仕掛けられていることに、ほとんどの日本人がまったく気がついていなかったことです。

アメリカの日本に対する攻撃は、じつに微に入り細を穿《うが》つものでした。最初のターゲットは日本の銀行でしたが、最終的には、日本人の生活そのものを変えるところまで視野に入れていました。つまり、日本人を消費に向かわせることを狙っていました。

最初に標的にされた銀行も、すぐにダメになったわけではありません。一九九三年ごろまではまだまだ十分な力を保っていて、そこに、アメリカは気味の悪さを感じたはずです。

そのころアメリカで封切られた映画で、日本企業の社員が冬の海で水垢離《みずごり》しているシーンが描かれていました。アメリカ人からすると、まったくわけのわからない行動です。そういうわけのわからなさと日本経済の勢いが一体となって、アメリカ人に恐怖を感じさせたのです。

このとき、アメリカでは日本異質論が噴出していました。日本人というのは何をしでかすかわけがわからないというわけです。アメリカは、それほど日本を恐れていました。

一九九〇年というのは、戦争が終わって四十五年。四十五年といえば、長いようですがほんの少し前の出来事です。ほんの少し前にジェノサイドまでして徹底的にやっつけたはずの日本が、アメリカを買い尽くさんばかりに迫ってくる。アメリカ人の頭には、日本人は絶対どこかで戦争の仕返しをしてくるという思いがあったのかもしれません。

その恐怖感は、歴史の表面にはあらわれてはきませんが、日本がアメリカに仕掛ける経済攻勢は、その後に軍事攻撃が続くことを予感させたにちがいないと思うのです。

それほど日本を恐れていたからこそ、あらゆる意味でその日本を解体する戦略に打って出ます。ただ、主権国家どうしで、そんなことを露骨にできるはずがありません。それで、ルールを変えることで日本を弱体化させようとしたのです。

その第一手がバーゼル合意（ＢＩＳ規制）であり、それはうまくいきました。

もうひとつのキーワードは「国際化」です。日本は変だ、あんなに働くのはおかしいし、富を国外にもち出せぬように規制でガチガチにしていると。日本的な経済システム、日本の社会慣習、日本人の生活様式などのすべて、つまり、日本の構造そのものがおかしいという論理です。そこから、「構造改革」ということを言い出すわけです。先ほど触れた金融ビッグバンも、そういう流れで出てきた動きのひとつです。

とくに、クリントンが大統領に就任した一九九三年以降は、アメリカから対日要求が毎年出てくるようになりました。「これを変えろ」「あれを変えろ」という要求のひとつに、大店法《だいてんほう》（大規模小売店舗立地法）の規制緩和要求がありました。それまでの日本は、商店街に大規模な店を構えることを法律で縛《しば》っていましたが、それを解除しろという要求でした。

その結果、大店法が改正され、町には大きなスーパーができるようになります。大店法改正は、最終的にはアメリカのスーパーを日本市場に進出しやすくするという狙いがあったのでしょうが、その前にまず、日本企業があちこちの商店街に大きな店舗を出すようになります。

いま、各地の商店街で元気のいいところは、そういう大きな店が入ってこなかったところです。イオンやらヨーカドーやら、大きな店が入ってきた町の商店街では、価格で対抗できない路面店は太刀打《たちう》ちできません。とくに狙われたのが駅前で、地方都市の駅前の通りを歩いてみれば、軒並みシャッター街と化しているのがわかります。

町の変化は、消費行動にも大きな変化をもたらしました。商店街がなくなることは、それまで足を運んでいた場所がなくなるということです。その代わり、駅前に行けばすべての用事が足せるようになる。たしかに利便性は増しましたが、これが人々の行動を根底から変えてしまうことになるのです。

もともと給料なんてものはない

アメリカが銀行の次に狙ったのは、日本の企業です。異質な日本の企業文化そのものを恐れ、それを潰そうとしたのです。日本の企業文化というのは、終身雇用、年功序列、そして異常なまでのロイヤリティ（忠誠心）の高さの上に築かれたものでした。

このロイヤリティの高さは、日本の「家」からきたものなんでしょうか。日本の会社は「家」をひな形にしてつくられてきたもので、それがとくに中小企業において顕著です。従業員にとって社長は親父であり、社長にとって従業員は、預からせていただいている子どもなのです。だから、会社は従業員の面倒を見続ける。終身雇用ですよね。

またまた個人的な話で恐縮ですが、つい最近も、かつてわが家に住み込みで働いていた人が電話をかけてきて、数年前に亡くなった父の墓参りをしたいと言ってきてくれました。かれは、十年ぐらい工場で働いて独立しましたが、住み込みで働いたときの恩を忘れていないわけです。日本の中小企業の人間関係は、ほとんど家族のような関係だったのです。

そういう強固な会社共同体が生み出すパワーに太刀打ちできなかったアメリカの会社システムを見て、多くのアメリカ人は、日本の会社システムは前近代的であり、異常であると考えたのでしょうか。欧米の民主化された会社システムこそがスタンダードであると喧《けん》伝《でん》するわけです。こういう考え方に、多くの日本人が同調し始めます。そして成果主義なるものが登場してくるわけです。

そもそも、日本の伝統的な経営体には、給料という考え方自体が存在しません。もちろん、「給料のようなもの」は出していましたが、伝統的な日本の大店《おおだな》は番頭が店を取り仕切り、住み込みの丁稚《でっち》が基本的には無給で働いていました。

丁稚奉公《ぼうこう》とか年季奉公とかいう言葉があるように、現代的な意味での労使イーブンな雇用関係とは異なるものです。店に住み込むということは、食べることと寝る場所は保証されるということです。だから、生活には心配がない。ときおり渡されるお給金は、賃金というよりはむしろお小遣いです。年を重ね、仕事を覚えると、お小遣いも増えていく。そんな程度のものです。丁稚のほうは、生活を保証してもらう代わりに、店の主人に忠誠心で応えるわけです。機関としての会社ではなく、身内であり、擬似《ぎじ》的な家族だったわけですね。

その関係性が、いまでも日本の会社に残ってはいます。たとえば社畜と揶揄《やゆ》されるほど会社のためにがんばる社員のモチベーションを支えているのは、契約で定められたおカネよりも、身内としての忠誠心という側面が強いのではないでしょうか。

当然、雇用者と労働者が理念的にはイーブンであると考えているアメリカ人にとっては、こういった日本的な慣習がどこからきているのかよくわからない。よくわからなくて不気味でもある。それがパワーを生み出すのであれば、そんなものは潰したいと考えるのはよくわかります。

一方で、日本では社会全体で消費化が進み、個人がばらけていくプロセスが進行していきました。家族という共同体にも大きな変化があらわれて、封建的な価値観は忌避《きひ》されるようになっていったのです。そうなると、会社に雇われる個人も、会社という家族的な共同体に入ることを拒《こば》み、雇用者とイーブンな個人として契約したいと思うようになってきます。自己の労働に対して、客観的な指標にもとづいた給付を求めるのは等価交換の原則に照らしても当然のことです。等価交換の原則からいけば、年功序列などは非合理極まりないシステムであり、成果給こそが合理的であると考えるのは自然なことです。

アメリカの恐怖感と日本の社会変化が重なって、成果主義が浸透していきます。

ただ現実には、成果主義というのはほとんど不可能なことです。わたしはそこそこ大きな会社の役員をしたこともあり、そのとき給与の算定に関わった経験がありますが、成果主義には無理があるとつくづく感じました。成果主義というと客観的なイメージがありますが、何を成果とするのかは判然とせず、結局、給与算定者の主観が左右する場合が多いのです。

たとえば、営業の最前線は、誰がどれだけ売っているか一目瞭然《りょうぜん》のような気がしますが、営業成績ひとつとっても、その本人がひとりの実力だけで売っているかどうかなんてわかりようがありません。いい商品がなければ売れないでしょうし、営業を支援する人も必要でしょう。人間が集団でおこなう行為に対して、どこまでがその個人の成果なのかをデジタルに決めることなどできない相談なのです。

そういう実態を無視して、目に見えてわかりやすい数字だけで判断すると、そういうところだけをうまくやる要領のいい人間が、高い給料を分捕《ぶんど》っていくことになります。

けれども歴史的に見れば、日本社会には、そういう要領のいい人間を好まない、どこか信用しないといったものがありますよね。むしろ、要領の悪い口下手な高倉健に理想的な人間像を見ているわけです。

どうやら日本は、自分たちに合わないものを、無理やり導入してしまったのです。

会社は誰のものか

なぜ、日本人の心情とそれほど相反するものを受け入れてしまったのか。そこに、アメリカの、というか金融グローバリストたちの周到な作戦がありました。

それまで、一般的にはほとんどそんな議論はなかったのですが、当時、突然降って湧いたように、「会社は誰のものか」という議論が盛り上がります。

「会社が誰のものか」なんて、普通のサラリーマンも、事業主も、誰ひとりとして考えたことがない問いです。わたしの実家のような中小零細企業であれば、会社は「誰のものか」と問われれば、「あれは親父のもの」であると当時に、「オレたちみんなのためのもの」というのが、経営する側と雇われていた側が共通して抱いていた心情です。「うちの会社」というところに、その心情がよくあらわれています。

そんなところに突然、「会社は株主のものだ」という株主主権なる考え方を突き付けられ、日本中が面食らったことを覚えている人もいるでしょう。会社は株主のものであり、株主の利益を最大化することが株式会社の目的だと。たしかにそのような考え方がないわけではありませんが、会社が誰のものかということに関してはさまざまな議論があって、こうだとは断定できないところがあります。

また、国によっても、その色合いには違いがあります。この件に関して議論をすれば一冊の本を書いても足りないくらいなので、ここではこれ以上踏み込みませんが、「会社は株主のものだ」ということで本当は何を実現したかったのか、誰がそれを言い出したのかは、もう一度考えてみる必要があるでしょう。あんな議論は無視すればよかったわけですが、あまりの不意打ちで、思わず正面から受けてしまう。わたしも真に受けて反撃してしまい、二〇〇五年に共著で『会社は株主のものではない』(洋泉社)という本を出したほどです。

会社という制度を、所有権という見方だけで見れば、会社の資金を出しているのは株主だからたしかに株主主権だよね、だったら株主のために成果を出さなきゃいけないよね、となるのかもしれません。従業員と雇い主が等価交換の原理で契約をするという見地に立てば、成果主義だよね、となってしまいます。

しかし、会社はさまざまな利害が絡み合った歴史的な共同体であり、部分的には非合理的であっても、実際的な運用には有効な仕組みがあって当然なのです。会社のフルメンバーである人間というものの非合理的な側面は、会社にも反映されることになるでしょう。会社の定義や行動は、理非、善悪の二元論だけで片が付けられるわけではないというのが、わたしの考え方の基本にはあります。

そして、日本は経済戦争に負けた

これは、いい悪いの問題ではなくて、その社会がもっている生活や文化、風土というものと合うか合わないかの問題です。自分たちが伝統的にもっていた、いわば「自然過程」を通じて培われてきた、封建的ではあるが贈与・互酬的な会社システムを、外からもち込んだ人工的なものでそっくり入れ換えようとしても、うまくいくわけがありません。

だから、それまでの仕組みのなかで生まれ育ってきた人たちには、いまの仕組みには相当な違和感があります。ただ、無理やりとはいえ、一九九〇年ごろから制度的な入れ換えが浸透し始めて、もう二十年以上がたっています。九〇年代以降に生まれた若者たちは、かつての伝統的な仕組みを知りません。新しい考え方しか知らないという世代が多くなっています。

若い世代はそれしか知らないものだから、西洋合理主義は唯一の当たり前の真実です。一方で、団塊のベビーブーマーを中心に、日本の伝統的な会社観が身に染み付いている人たちは、何でも合理的、デジタルに解釈するような会社観に違和感がありながらも「しょうがねえ」「アメリカには勝てねえ」と、しぶしぶ従ったといった側面があったのではないかと思います。そして、いまこうなってみると、無力感に襲われてしまって、「世知辛《せちがら》いねぇ」などと嘆いているのかもしれません。

そんなことが起きたのも、生産から消費へと価値観が一八〇度転換し、地についていた足を、地面から離してしまったことが背景にあります。いや、それもまた自然過程であるわけで、文明化、都市化の進展のなかで日本人が自らを消費者としてイメージすることが普通になったということです。

消費者というのは、等価交換の原理がつくり出した存在であり、おカネが唯一透明で公平な尺度となる世界の住人であるわけです。その住人は、最小の努力で、最大の成果を期待する人間であり、同じものであれば必ずより安いものを選好する人間です。そういう期待や選好に従うことが、もっとも合理的な行動だと信じている。

こういった世界観に生きている人たちにとっては、世界がひとつの通貨や言語で統一され、同じ基準で運営されることは合理的であり、受け入れやすいことでもあります。

しかし、現実の世界は、発展段階が異なる国家が斑《まだら》模様に存在し、多様な共同体の形態が存在し、さまざまな価値観がすでに存在してきているわけですから、いわゆるグローバル標準を世界にあまねく行き渡らせるということが、公平でもなければ、合理的でもないことは明らかです。日本の会社で、いきなり明日から英語が公用語だといわれれば、戸惑うのは当然だし、もともと英語を母国語にしている国は大きなアドバンテージをもつことになります。

ひとつ補足しておかなければならないのは、このグローバリズムは、見事なまでに英米型の企業がもっている多角化戦略と一致しているということです。

英米型の企業戦略とは、端的にいうと自社のマーケットをひたすら拡大することです。シェアの拡大とポジショニングの競争に明け暮れています。

一方、日本の伝統的な企業戦略は、堅実着実に信用を積んで、息の長い経営をすることであり、規模の違いや、業種の違いに対しては、それらを統合するよりは棲み分けて共存していくような傾向がありました。

しかし、日本人が英米型のビジネスに取り込まれる形で消費化するにつれて、消費原理が当然のようになり、日本企業のほうも伝統的な価値観ではなかなかやっていけなくなってきたのです。企業は、市場を拡大するために激しいシェア争いをし、市場が飽和すると細分化して顧客接点を拡大しようとします。その結果、家族単位で動いていた生活者だった人々は、個々にばらけた個人消費者へと押し出されていきました。

結局、個人はおカネ以外にはよりどころのない消費者として、揺れ動くしかないという危険な状況に追い込まれているのです。こうして、日本がもっていた社会の強みが希釈《きしゃく》され、慣れない手つきで英米のシステムを真似るようになっていったということではないでしょうか。強みを失った日本人は、自分たちが知らないあいだにアメリカに仕掛けられていた、仕掛けられていることすら気づかなかった経済戦争に敗北します。その端緒《たんしょ》は、一九九〇年を挟んだ、八八年から九三年のあいだに開かれていたのです。

「日本企業」の正体

欧米が仕掛けた経済戦争での「敗戦」によって、日本企業は大きく変質します。

一九九三年、日産が座間工場（神奈川県）を閉鎖します。そのときの座間は、日産の企業城下町でした。工場撤退によって、日産の下請けで仕事を回していた周辺の工場が、軒並み潰れるか廃業することになりました。

それから二十年たった二〇一三年に、日産という会社をよく見てみると、驚くべきことが起きています。

なんと、株主の六〇パーセントを外国人が占めています。グローバリストのいう、株主主権論に立てば、もう日産は、日本の会社ではなくなっているということです。

たしかに、日本に本社があり、日本で法人登記をしているという意味では日本の会社です。けれども、株主主権論に従えば、この会社の頭部は外国人のそれになっている。日産にかぎらず、株式会社は、株主の利益になるように企業活動をおこないます。株主の六〇パーセントが国外にいるということは、もはや日産の利益は、国内よりも国外を向いていることを意味します。似たような株主構成のオリックスも、もはや日本企業ではないということです。

こういった会社がグローバリズムを後押しするのは当然なのです。

会社はたしかに日本にあり、日本人が大勢働いていたとしても、所有者が日本人でない以上、日本人の利益を考えるはずがありません。かれらが自己利益を最大化するために望むのは、日本の共同体を分断し、地域を細分化して、マーケットを擬似的に倍増させていくことです。それにも飽き足らなくなると、今度は物理的にマーケットを倍増させる手段を求めます。それが国外進出であり、未開のマーケットを開拓するということであり、要するにグローバリゼーションの徹底です。

この流れの先にあるのは、地球規模で市場化した社会です。それには、各地に残る伝統的な生存戦略はただ邪魔なだけです。そのため、地域に根差した産業を、文字どおり根こそぎなぎ倒していこうとするのです。

国家は生存戦略のひとつの形

地球をひとつのグローバルな市場にしたい企業にとっては、国民国家というのも、世界を分断する障壁でしかありません。そのため、国家と企業が真正面からぶつかる事態が起きています。国家利益と企業利益といったほうが正確ですね。たとえば、島国である日本にとっては、食糧自給率を上げることはかなり重要なリスク回避の課題です。

いま環太平洋戦略的経済連携協定、いわゆるTPPの交渉において、農産物の関税を巡って駆け引きがおこなわれているのも、自国の農産品を守ることが死活的に重要だと考える陣営と、関税のないグローバル市場をつくろうという陣営が争っているわけです。

前者は、国民国家において、食糧自給率を上げることは国家利益に適《かな》うと考えており、わたしもその考え方には同感です。なにしろ、現在の日本の穀物自給率は、人口一億人以上のOECD三七カ国のうちで、三四番目で、二七パーセントしかありません（二〇〇三年時点。農林水産省による）。英米中国ドイツは一〇〇パーセントを超えているか、それに近い数字です。それでなくとも自給率は低下しているのに、TPPが批准《ひじゅん》されればさらに落ち込んで、もはや穀物は輸入頼りになってしまいます。

ドバイやシンガポールなどの金融センターのような国家がないわけではありませんが、

そうなることが日本人にとって望ましいことなのかは大いに疑問です。しかし、多国籍バイオ企業にとっては、穀物消費の多い日本は絶好の市場です。ここに、企業利益と国家利益、いや国民の長期的利益が相反します。

そもそもの話をすれば、国家というのもいわば人間が選び取ったひとつの生存戦略上のフィクションです。いわゆる近代国民国家というのは、一六四八年のウェストファリア条約をきっかけに生まれたものです。

それまでの三十年間、ヨーロッパの封建領主たちは、領土を巡って争いを繰り広げていました（三十年戦争）。封建領主たちが、ヨーロッパ中に入り組んだ領地の持ち分を争い、領主が死ぬたびに相続に首を突っ込み、収拾がつかなくなっていたのです。

三十年もそんなことを続けてきた結果、さすがに封建領主たちも疲れ果て、「もうやめよう」ということで交わされたのがウェストファリア条約です。領土を確定させて国をつくり、そのなかで起きたことはお互い干渉しないという内政不干渉のルールを定めたのです。そのほうがお互い、生き延びる可能性が高くなるという生存戦略にもとづく判断でした。

その結果、国家は戦争をする必要がなくなり、自国の産業を育てる機運が芽生えてきます。それには、自由貿易よりも関税障壁をつくったほうがいいわけですが、その障壁が、グローバルに活動する企業にとっては障害以外の何ものでもないということなのです。

ちょっと話が逸《そ》れますが、いま日本では、このとき生まれた近代国家の概念を盾に、穏やかではない議論が噴出しています。国家機密がダダ漏れの国はスパイ天国になってしまうとか、戦争する権利をもたない憲法などがあっては国家の安全を守ることができないとか、そういうことを口にする政治家が目立つようになりました。日本を、かれらがいう「普通の国」にしようということです。

「普通の国」というのはとても都合のいい言葉ですが、そんなものは、世界中のどこにも存在したことはありません。わたしにいわせれば、どの国も等しく「普通じゃない国家」なのです。

そういう人たちにとっての「普通の国」は、ほとんどの場合はアメリカのような国を指しています。それは、かつてアメリカの大学で勉強した人たちが、アメリカのシステムに染まってしまい、それと違う日本を「遅れた歪《ゆが》んだ国」としか見られなくなっているからです。

国民国家システムというのは、まさに文化が異なり、産業が異なり、社会システムが異なっているような国家どうしが隣り合うように存在できるということです。これを国家の多様性というべきだと思うのですが、いま流行のダイバーシティという言葉は、英語ではこういった「多様性」とは違った意味で使われています。企業のダイバーシティ戦略というと、なんと商品多角化戦略や地理的多角化、つまりはグローバル化の意味で使われている。本来の意味とは反対に使われているのです。

企業の存続を危うくする「人口減少」

いまや企業にとって、国家は邪魔以外の何ものでもありません。

そこで、企業と国家のあいだで綱引きがおこなわれているわけですが、いま、その綱引きが大きな局面を迎えています。その話でこの章を締めたいと思いますが、そのための前段の話を二つほどさせてください。

まず、株式会社というのは経済が拡大しなければ生きていけない存在です。市場がどんどん拡大する、つまり、消費がどんどん増えていくことを前提に、株式会社は成立しています。というのも、縮小している企業の株主なんかには誰もなりたがるはずもなく、株式会社が存続するためには、右肩上がりを続けていなければならないからです。株式会社とは、十七世紀後半の右肩上がりの世界に生まれた生きものなのです。

ところが、いま世界では株式会社にとって予想外のことが起き始めています。人口減少です。

日本では二〇〇五年前後から人口減少が始まり、労働人口にかぎれば、その十年前の一九九五年から減少が始まっています。世界を見ても、ヨーロッパは日本に先行して人口減少が起こりました。要するに先進国において人口が減り始めるという事態が起きているのです。

人口というのは、企業にとって市場そのものであり、利益の源泉です。人口減少は市場の縮小を意味します。そうなると、右肩上がりの経済成長ができなくなります。それは、人類が歴史上いまだかつて経験したことのない出来事なのです。

これまでは、日本でもヨーロッパでも、ペストの流行のような突発的な災厄《さいやく》を除いて、人口が減少したことはありません。人口は増えるというのが「自然過程」だったのです。ところが、ヨーロッパと日本という先進国で、人口が減り始めた。これは、株式会社にとって死活問題そのものです。社会がシュリンクすることは、株式会社というシステムの存亡に関わることなのです。だから企業はものすごく焦り、生き残りのために必死になってもがいているのです。

株式会社はいずれなくなる？

焦る企業の戦略のひとつが、国家の枠組みを撤廃して市場を再構成することです。地球全体でもう一度ガラガラポンをやれば、株式会社というシステムが生き延びられるのではないかと考えています。なぜなら、世界は全体として見れば、まだまだ人口増大局面にあるからです。

経済がシュリンクしていくフェーズでは、株式会社は、瀕死《ひんし》の恐竜が餌を求めてのたうちまわっているような状態になってしまいます。ある意味で、災厄や戦争でさえも株式会社にとってはチャンスになるわけですが、人口減少だけには耐えられない。

企業という存在は、未来永劫《えいごう》、存続を保証されているものではありません。株式会社の歴史はたかだか三百五十年ほど、十七世紀の後半ごろにイギリスで生まれたにすぎません(奇しくも、近代国家が生まれたのも同じころです)。それより前の時代には、株式会社なるものは影も形も存在していないのです。

株式会社がなかった時代、人間は定常社会を生きていました。それが中世という時代です。人口は増えもしなければ減りもしない。増えたとしてもゆるやかな増加です。

日本も、明治時代になって企業社会が到来し、その後の百五十年で人口が三〇〇〇万人から一億三〇〇〇万人まで、一億人も増えています。それ以前の江戸時代を見てみると、初期の推定八〇〇〇万〜一〇〇〇〇万人から、江戸時代二百六十年を通じて三〇〇〇万人になったにとどまっています。

人口の急激な増加をもたらしたのは社会の急激な変化でしょう。日本という国のキャリングキャパシティが大幅に増加したわけです。それには、企業の誕生が大きく関わっています。

企業が多くの商品を世に供給し、栄養が行き渡り、生活環境が改善されて、人々が生き延びられるようになったのです。人々の生活に余裕ができ、文明が発達して、右肩上がりの社会になり、結果として人口が増えていったのです。

ところが、ヨーロッパや日本で起きたことが示すのは、文明がある程度のところまで進展すると、自由や独立を望む個人が増え、伝統的な家族形態が解体へと向かって社会が変質するということです。そこで、女性の自立、晩婚化、結婚をしないという選択、核家族化などが進行して、人口が減り始めるという事態が起きているのです。

人口減少の話は後ほど詳しく触れますが、人口は国民総生産（GNP）に密接に関連しており、人口減少社会においては急激な右肩上がりの経済を維持するのが難しくなります。これは、右肩上がりの社会を前提として生まれてきた株式会社にとっては危険な状況です。右肩下がりになれば、株に投資する意味が失われてしまい、株式会社というシステム自体が存続できなくなるからです。ひょっとすると、向こう一世紀ぐらいのあいだに、株式会社というものはなくなっているかもしれません。

株式会社は、自らの存続のために、経済が右肩下がりになることを何としても阻止したい。経済の縮小、総需要の減退は、株式会社にとっては起こってはいけないことなのです。だから、どう見ても成長する条件がないのに、経営者は判で押したように、そしてバカのひとつ覚えのように、「経済成長」「経済成長」というわけです。政治家が似たようなことをいうのは、それは企業にいわされているという側面もあるのでしょう。もしくは、人口は国力だと考えているのかもしれません。当今の問題は、政治資金を企業に依存している政治家が、企業利益に反する政策を考えることができなくなっているということです。国家が大企業に乗っ取られるような事態が進行しているということです。

そして、企業が国を乗っ取り始める

企業が国家を乗っ取ってしまっている状況は、リーマン・ショック以降のアメリカにおいてさまざまな局面で見てとれます。サブプライムローンなどという、あれほどの詐欺《さぎ》的な「商品」によって世界経済を危機に陥れた金融業界のトップたちは、誰ひとりとして刑事訴追を受けることがありませんでした。法と正義を重んじるアメリカでは、稀有の事態が進行しているといわざるをえません。日本においても、福島の原発事故のあと、あれほどの国富《こくふ》蕩尽《とうじん》のあとで、当事者である東電からも、誰ひとり逮捕される者がいませんでした。リーマン・ショックのときに、「大きすぎて潰せない」企業が、国庫支出によって救済されるのを見て、アメリカ社会の病理が顕在化《けんざい》したと感じたものです。

企業を背後であやつっている株主は、株の売買の利ざやで稼ぐ、ものをつくらない人たちです。インベストメント・バンカーや金融の専門家たちが企業社会の頂点に君臨し、自分たちに都合のよいように社会のシステムを変えていこうとしている。企業が政府を乗っ取るコーポラティズムという現象がこれほどまでに露骨にあらわれた例はありません。

もともと、コーポラティズムという言葉は、まったく異なる意味合いをもっていました。二十世紀前半のイタリアのファシスト政権が、国家が経営者や労働者の代表たちを組織して、経済統制をおこなったのです。いまでは、それとまるで逆の意味で、企業が国家そのものを企業化することを指して、コーポラティズムと呼ばれています。

「企業が国家を乗っ取る」といいましたが、正しくは「企業が」ではなく「企業の持ち主たちが」です。要するに、株主のことです。企業の株を大量に保有するウォール・ストリートの連中が、いわばかれら自身の生存戦略を賭けて、国家を乗っ取ろうとしているのです。

かれらはかれらで必死ですから、企業社会がそう簡単に終わりを告げるというわけではないでしょう。けれども、企業はもはや、ここまでのことをしなければならないほど、追い詰められているともいえるでしょう。

いずれにしても、市場が永遠に拡大し続けることなどありえません。最後は、やけになった企業がスクラップ・アンド・ビルドで一か八か戦争をするか、もしくは地球環境がもたなくなって、環境そのものが汚染されてしまうシナリオが考えられます。

どちらの可能性も大いに考えられます。中国やアフリカの隅々まで都市化するようになったときには、文明は進展したけれど、文明を支える自然が破壊され、地球が人間の住めない場所になってしまうかもしれません。二酸化炭素問題は、それがわかりやすい形で出てきたにすぎません。

このように見てくると、これまで人類の歴史において進歩だと考えられてきたものが、必ずしもそうではない結果をもたらしていることがわかります。どうやら、進歩の賞味期限が切れつつあるようです。それが、大きな文明史における現代的意味です。もはや、科学技術の進歩も、手放しで喜ぶことはできないのです。

そういう状況でますます、人々は行き場を失っています。名前のない消費者として、ただ企業を太らせるために、企業から見れば、ケージに入れたブロイラーのような存在になって、おカネを使って、企業利益を生み出している。

こういった構図から、どこかで脱出しなくてはいけない——。

それこそまさに「脱・消費者」を目指すということなのです。

第五章

それでもアメリカに憧れる日本

人間そっちのけの広すぎる道路

日本人がシリコンバレーを訪ねると、一〇人のうち八人は、シリコンバレーを気に入って憧れます。たしかに気候はいい。

けれども、わたしはあの地の人々のマインドセットや生活を見て、なんだか可哀想な気がしてしまいました。ひとりひとりが、孤立した消費者として、競争社会に投げ込まれているような、消費化し尽くされた国の住人のように思えたからです。消費するために働く人ばかりで、いい家といい庭といい奥さんを手に入れることが成功者の証《あかし》、という社会です。

しかも、そういう成功者たちと、そこに行く途上の人たちと、その道からあぶれた人たちの格差が広がるばかりの様相を呈しています。幸不幸の差が、カネの多寡《たか》だけで決定されるような社会。おカネがあればものすごく快適な暮らしができますが、おカネがなければ、それこそ路上生活のような暮らしを強いられます。

そういう光景を目の当たりにして、いまから五十年後に歴史を振り返ったときに、アメリカはおそらく「失敗した国」として顧みられるだろうと感じました。

わたしたち戦後生まれの消費第一世代にとって、幼いころにテレビで見たアメリカの豊かな暮らしは、強烈な憧れでした。わたしがアメリカで会社を経営していた「暗黒の十年」とは、その憧れが色褪《あ》せ、夢から醒《さ》めていく時間でした。

違和感の原因は、さまざまなところにありました。たとえば、町の外観。アメリカは完全なクルマ社会で、道路が異常なまでに広いことに、わたしは非人間的な印象を受けました。

わたしがシリコンバレーを訪ねたときは、エルカミーノというメインストリート沿いにモーテルを借り、そこを拠点にするのが常でした。道路の向かいにピザ屋があり、巨大なピザをひとつ買うと、数日分の食糧になるので重宝していました。

難点は、信号がはるか遠く離れたところにしかなく、クルマがびゅんびゅん飛ばして走っている広い道路を、決死の思いで渡らなければならないことです。ピザを抱えて走って道路を横断し、轢《ひ》かれそうになったことも何度かあります。

そうかといって、ピザ屋以外の店を探そうとしても、飲食店そのものがなかなかありません。これは、徒歩圏内に商店街があり、そこで暮らしをまかなえるわたしたち日本人がもっている町のイメージとは、まったく異質なものでした。

交わることなき人々

シリコンバレーは、地域コミュニティを大事にする町だといわれます。

たしかにそういう側面もありますが、注意深く観察すると、そこには、本当の意味でのコミュニティは存在しません。あるのは、特定の階層だけが集まる閉鎖的な社会です。カネ持ちはカネ持ちだけで集まって、外からの侵入者を寄せつけない。シリコンバレーには、ハーフムーンベイという場所に高級ゴルフ場がありますが、そういうところで早朝のゴルフをしているおカネ持ちの輪のなかに、外から来た日本人が入っていくことはなかなかできません。地域住民が肩寄せ合って暮らす、日本的な意味でのコミュニティは、シリコンバレーのどこにも存在していないのです。

かれらが信じるのは血縁で結ばれた家族だけなのかもしれません。アメリカの建国の歴史自体が、先住民の土地を収奪する歴史であり、争いの歴史であるわけで、必然的に仲間以外の者は敵という発想が身に付いている。弱肉強食の世界観が、身体の奥に染み付いているのかもしれません。

向かいのピザ屋は、アメリカの格差社会の象徴のような場所でした。店の中で働いている人たちと、カウンターひとつ隔てた客席にいる人たちは、見てはっきりとわかるほど、別の世界を生きている人々です。カウンターの中にいるのはヒスパニックか黒人で、客席側にいるのはアングロ・サクソンです。客席にも有色人種はいますが、かれらはどちらかといえば白人社会に同化した人たちです。もちろん、これはカリカチュア化した表現ですが、おカネ持ちかどうかで、居場所が分断されていて交わることがないという傾向が歴然としています。

町を歩くと、寂寥《せきりょう》感がそこかしこに漂っています。人が歩くことをそもそも想定しない町には、人通りそのものが少ないし、ときおりすれ違う人たちは、みな一様に寂しそうな表情を浮かべています。日本の商店街のようなものはどこにもなく、町に人間の香りを感じることもできません。要するに、アメリカには地縁というものが存在していないのです。

シリコンバレー滞在中に、こんなこともありました。

向こうでビジネスを始めるにあたり、英語の得意な人間が必要だということで、アーバン・トランスレーションの社員をひとり連れていきました。かれは父親と反《そ》りが合わず、高校を卒業すると単身渡米して働き始め、後に帰国してわたしの会社に入るわけですが、英語がとても上手でした。

シリコンバレーに連れていくと、かれはかつてその近くでホームステイをしていたといいます。そのときお世話になっていたのは、ヒスパニックの家族でした。

せっかくだからと、かれは十年ぶりにホストファミリーに会いに行きます。十年前を思い出しながら、やっと探り当てた通りには、以前と変わらない街路樹がありました。家の外観も思い出と変わりません。かれはめでたくファミリーと会うことができました。十年前にこのファミリーに世話になったときに、親父さんは刑務所の中にいました。そして、面会に行ったかれにキャップをくれたのです。

今回訪ねたときに親父さんは娑婆《しゃば》に出ていましたが、今度は娘のひとりがいません。どうやらドラッグに手を出してしまったようで、刑務所にいるとのこと。「なんだよ、みんな刑務所に入っちゃうのか」と、その場は笑い話になったそうですが、このエピソードは、社会階層の下位に固定されている人々が、十年たっても同じところにとどまっていることを物語っています。親子で、同じ階層を受け継いでいるのですね。

その地区に、白人は住んでいません。ヒスパニックだけが、肩を寄せ合うように集まっています。町に変化がないように、かれらの社会階層も固定化されています。このヒスパニックの人たちは、白人社会に同化することなく暮らしているのです。アメリカというのは、移民を受け入れる社会といわれていますが、同化政策には失敗しているのです。

その一方で、底辺から階層をのし上がっていくアメリカン・ドリームが好んで語られま

す。たしかにアメリカには、力があれば認めてもらえる機会の平等という側面がありま
す。規制が少ない分、チャンスさえつかめれば、力でのし上がっていける可能性が高いと
いうのは事実です。
ただ、そういう大逆転は、現実にはほとんど起こりません。社会階層は交わることなく
固定化され続けます。アメリカ社会の現実は、チャンスと無縁な人たちを固定化し、再生
産する階層化された社会になってきています。

「アメリカン・ドリーム」をお手本にしてはいけない

その両面性を見ることなく、アメリカン・ドリームの側面だけを見て、アメリカに憧れ
をもつ人たちも大勢います。「あれが日本の目指すべきお手本だ」と。
けれどもわたしは、シリコンバレーの現実を見て、アメリカ社会をお手本にしてはいけ
ないと感じました。そもそもが日本とはまったく違う社会だからです。
アメリカを建国した人たちは、イギリスからメイフラワー号で大西洋を越え、まず東海
岸に辿り着きました。そこから、キリスト教のミッションを実現するという名目で、もと
もと住んでいたネイティブ・アメリカンの暮らしを破壊しながら西へと進みます。隔離政
策や、略取を繰り返しながら、西海岸まで開拓を広げてきた。

このように立ちはだかるものは実力行使でなぎ倒し、道をつくってきた人たちと、定住社会に生きてきた日本人が、同じ価値観を共有することは難しい。

もちろん、アメリカ人の全員がそうだというわけではありません。日本列島にも、漂流する海民や、遍歴する商人が多くいたのも事実です。しかし、アメリカのような大規模な収奪のうえにフィクショナルな国家をつくるという歴史は、日本人には想像もできないことです。

わたしには、シリコンバレーで知り合ったアメリカ人の親しい友人が何人かいます。しかし、わたしのような人間と親しく付き合ってくれる友人には、どこかアメリカ社会に馴染めない、アメリカンスタンダードから外れた人が多いのです。

地域共同体のないアメリカでは、自分の身は自分で守らなければならないという価値観が強固に存在しているようです。それは、西部開拓の時代、常に外敵にさらされてきたところから生まれた防衛本能かもしれませんし、あるいはアングロ・サクソンの伝統的な家族形態からくるのかもしれません。

自分の身のよりどころがあるとすれば、ファミリーしかありません。アメリカ人が家族の結束をやたらと強調するのはそういう背景がありそうです。

もうひとつの手段が、おカネです。おカネで安全を買い、おカネで信用を得る。家族以外に身を守ってくれるのはおカネしかないというわけです。その結果、貨幣の万能性が必要以上に強調され、所持している貨幣の多寡が人間の価値を決める重要な差別指標になっているところがあります。

日本でも、カネ持ちか貧乏人かで差別することはありますが、交わりがまったくないわけではありません。学校のクラスにはカネ持ちの子も貧乏人の子も一緒にいて、子どもどうしは普通に付き合って遊んでいます。ところがアメリカでは、その段階ですでに階層が完全に分かれています。カネ持ちはカネ持ちの学校にしか子どもを通わせようとしないし、カネ持ちと貧乏人の親どうしが交流することもほとんどない。日本では、一九七四年以降に分厚い中産階級ができて、そのためが社会の中に残っていますが、中産階級が崩壊しつつあるアメリカでは収入による階層化が顕著になっているのです。

総じて、日本とアメリカは、両極ともいえるほど異なる社会であると思います。わたしは、その違いを肌身で感じました。それゆえ、日本的な地縁共同体を肯定的に捉え直してもいいのではないかと考えるようになったのです。

アメリカ人化した日本人の悲哀

ところが、現実の日本はどんどんアメリカ化しています。アメリカ化する日本で生まれた子どもたちが、アメリカ的な価値観を浴びせられて育つものだから、その流れはいっそう加速しています。アメリカン・ドリームを無邪気に肯定し、それができない日本社会を断罪する傾向が強まっているのを感じます。

日本を飛び出し、アメリカ的な価値観を追い求め、アメリカ社会で大成功を収める日本人もいます。桁外《けたはず》れのカネ持ちが集まる閉鎖的なビジョナリー・ソサエティに、足を踏み入れることを許される日本人もいないことはありません。

わたしの知り合いのなかにもそういう人たちがいます。アメリカのとんでもなくいい家に住んで、贅沢《ぜいたく》な暮らしをしている人です。

会って話を聞いたり、フェイスブックで生活を垣間見《かいまみ》たりすると、たしかにこちらが羨《うらや》みたくなる自慢話が披瀝《ひれき》されていたりします。たとえば、こちとら日本で穴蔵《あなぐら》みたいな狭い家に住んでいるのに、向こうはものすごい豪邸に住んでいる。家に招待されて行くと、家具は高級なものばかりだし、庭も広くて芝生が刈り整えられています。

それはそれは綺麗で快適で豪華な空間です。アメリカで成功した日本人の暮らしは、ゴージャスで、きらびやかなものに見えます。

けれども、それしかない。綺麗で快適で豪華なのに、それ以上のものを何も感じません。ひとことでいえば、エンプティー、空っぽの豪華さです。かれら彼女らの表情を見ていても、とても幸せだとはわたしには思えないのです。

その空虚な感じをなかなかうまく言葉にできませんが、単純にいってしまうと、それはおそらく、アメリカという国がもたざるをえない空虚なのではないかと思うのです。イギリスから逃げてきた清教徒は、ネイティブ・アメリカンを駆逐して、アメリカという人工の国家をつくりました。歴史的にはわずかに二百五十年。その土地に生活の根っこをもたないかれらにとっての「成功」のイメージは、荒野を自力で開拓し、新たな土地で家を建て、外敵から身を守りながら理想のファミリーを築くということです。

大草原の中にポツンと建っている小さな家。

そういうある意味では破壊的な、ある意味では根無し草的な「成功」イメージを、祖国を捨てた日本人も必死で求めた。そして苦労と僥倖《ぎょうこう》のはてに、成功を収めた。

そこに、わたしは二重の意味での空虚さを感じます。アメリカ的な価値観の空虚さのうえに、祖国喪失者の悲哀が重なって、かれら彼女らに、ちょっとした憐憫《れんびん》の情を抱いてしまうのです。

祖国なくしては生きていけない

アメリカには、それとは違う形の祖国喪失者もいます。

シリコンバレーの一画のサンノゼや、サンフランシスコ、ロサンゼルスなど、アメリカの主要な都市にはジャパン・タウンがあります。そこでは、戦前に渡米した日系人の二世・三世が肩を寄せ合って暮らしています。そういう町には、日系人だけが行くような本屋や八百屋などの小さな商店や診療所があります。

かれらは、見るからに質素な暮らしを送っています。日本の外で生きるかれらですが、グローバルに活躍しているという形容は、かれらにはとても当てはまりません。

月並みな言い方になりますが、人間というのは、自分が生まれ育った土地や国に軸があってこそ、安堵《あんど》を感じられるのではないかと思います。

ネイティブ・アメリカンの悲劇を描いた『シャイアン』(一九六四年)という映画があります。シャイアンというのは、ネイティブ・アメリカンの部族の名前です。アングロ・サクソンたちによって故郷を追われ、居留地に閉じ込められた末に滅ぼされる悲劇の部族です。

居留地に囚《とら》われたかれらは、多大な犠牲を覚悟のうえで、自分たちの土地を目指し脱走を企てます。故郷や祖国というのは、生命を賭けても守るべき、人生に意味や豊かさをもたらすものだと、シャイアン族の人たちは考えていました。

それはひとつの極端な例としても、自分の生まれ育った土地や国に、せめて片足ぐらいは置いておいたほうがいいというのがわたしの考えです。片足だけでもどこか動かない点に置き、もう片方の足で人生の幅を広げていく。そういう確かな土台をもつことが、人生に安らぎや充足感をもたらすことになるはずです。土台を失うからこそ不安を抱え、不安を打ち消そうとして強欲になったり、金銭崇拝者になったりすることがあります。

しかし、おカネで、故郷や祖国を代替することはできません。交換価値しかもたないおカネは、流動的であることがその本質だからです。流動させてこそ意味があるおカネは、人生を支える土台になりはしないのです。

『小商いのすすめ』でも書いたことですが、自分がどこで生まれたとか、いつの時代を生きているとかということは、本来、自分にとって何の責任もないことです。いま、この場所で生を受けたのは、偶然以外のなにものでもないからです。それでも、「いま、ここ」にいる自分を引き受けて、責任を感じて生きていく。それが大事なことだと思うのです。

そういう意識や営みの集積のうえにしか、地縁共同体は生まれません。日本的な社会は、地縁を大切にしてきました。それを失いつつあるいま、もう一度それが何であったのかを考えることは無意味だとは思いません。拠《よ》って立つ場があるということに、人は安らぎや充足を見出し、幸福を感じられるのだと思います。そのときに、おカネをいくらもっているかとかいうことは、大した意味をもたないのです。

家族の形は、共同体を維持する知恵

成果主義でもない、株主のものでもない、日本の伝統的な会社観の源は、江戸時代ぐらいまで遡《さかのぼ》って勉強しないとわかりません。年功序列も終身雇用も、その意味は、現代だけを見ていてもわかりません。とくに若い人には、何とも不合理な因習が残っているとしか見えないのかもしれません。

けれどもそれは、じつは非常に合理的なシステムであったのかもしれません。

「家」というのは、共同体の基本単位です。家族をつくるのは、人間だけの特権ではありません。動物の多くが家族をつくります。たとえばライオンは、「プライド」と呼ばれる群れを形成します。なかなか複雑な家族システムですが、簡単にいえばひとつのプライドはオスがリーダーとして君臨《くんりん》し、何匹かのメスと子どもで構成されています。そして、同じサバンナで暮らす動物でも、シマウマはもう少し大きな集団を形成します。こういう群れや集団が、ひとつの家族として機能します。

先ほど「自然過程」の話をしましたが、動物がどういう家族をつくるかは、その種が、あるいは集団がどうすれば生き延びる確率を高められるかの生存戦略で決まります。つまり、家族形態とは「自然過程」のなかに位置づけられるべき共同体の形態だということです。

人間の家族形態も、それぞれの地域における人間たちが生き延びるための、生存戦略に適《かな》った形態になっているはずです。人間の共同体や個体の存続にとっての脅威は、飢えや自然災害、外敵の存在です。こうした脅威から身を守るため、人間は家族をつくるわけです。

人間を取り巻く環境が変われば、生存に最適な家族のあり方も異なるのは当然です。要因は、自然環境や身体的特徴、文化的・歴史的背景などさまざまありますが、フランスの人類学者、エマニュエル・トッドによれば、世界の家族のあり方は、七つないし八つに分類することができます。

日本は、東南アジア各国や、ドイツやスウェーデンといった北欧に近いヨーロッパの国と同じく、父親の権威が強い長子相続型の直系家族が分布している地域です。この地域の人たちにとっては、このスタイルが、自分たちの種が死に絶える確率をもっとも低くするものだったと考えられます。

なお、中国やソ連、ベトナムなど、大陸で生きている民族は、日本とは違った家族形態をつくっています。それが、強力な支配者のもとで、結婚した子どもも両親と同居して大家族を形成する外婚制共同体家族です。これも、広大な大陸で生き延びるための知恵でした。

なお、トッドによれば、世界で社会主義（共産主義）革命が起きたのは、家族内の平等を重視する、外婚制共同体の伝統をもつこれらの地域だけだったということです。これには驚きました。

日本とドイツはよく似ている

ヨーロッパで日本の家族形態とよく似ているのは、ドイツのライン川沿いの地域です。ライン川沿いを歩いてみると、日本と同じような町工場がたくさんあることに気がつきます。たとえば、日本のからくり人形のようなおもちゃや楽器をつくっている町がありいます。要するに、家族が職人化して工場をつくっていったところです。戦後の大田区に家族を中心にしてたくさんの零細工場が生まれたのに似ています。

仕事ぶりも暮らしぶりも日本と驚くほど似ています。それは、家族形態が同じであることに大いに関係しているでしょう。一般的に、ドイツの会社組織も家族形態に似せた形でつくられて発展してきており、日本との類似性が指摘されています。

わたしは以前、ダイムラー・ベンツの下請けの仕事をしていたことがありまして、何度かシュトゥットガルトの工場に出向きましたが、ダイムラーという会社のもつ雰囲気に、日本の会社のそれと同じものを感じました。町工場が大きくなるとこういう形になるんだろうと想像できるものでした。それは、わたしがアメリカで見た、たとえばロッキードのような会社とは、つくりや雰囲気がまるで違っていました。

第二次世界大戦のとき、日本とドイツの両国はイタリアを交えて日独伊防共協定を結びますが、結局、戦争に敗れます。この三国では、イタリアだけが、異なった家族形態をもっています。「今度はイタリア抜きでやろう」という冗談があるのですが、案外正鵠《せいこく》を射ているのかもしれません。

日本とドイツが似ているのは長所だけではありません。長子相続で父親の権威が強いから、国もひとつの家族になってしまい、ときおりとんでもない独裁政治が生まれてしまう。とにかく、ドイツと日本には、さまざまな面で、似ているところがあります。だからこそ、日本がおかしなところに向かおうとしているいま、短所を克服したドイツに学ぶべきところは多いだろうと思います。

「グローバル標準」の実体は「英米のローカルな仕組み」

日本の年功序列や、終身雇用は、家族形態を模してつくられた日本独特の会社システムであり、その起源は日本の家族形態にあるのだとすれば、そこに高度な合理性を認めることができるかもしれません。つまり、家族形態が生存戦略であったように、日本の会社システムも長期的な生存政略に適っていたということです。

では、成果主義や株主主権のコーポレート・ガバナンス論が非合理なのかというと、そんなことはありません。それはそれで、合理的なものなのです。それは、日本企業のシステムがもっていた合理性とは、次元を異にするものですが、アングロ・サクソンがもっていた家族システムから見れば、きわめて合理的なシステムであるといえるでしょう。どちらかといえば、成果主義や株主主権は、本来合理的なシステムだったというよりは、合理的な説明が可能なシステムであるといったほうがよいかもしれませんが。

アメリカやイギリスの家族形態は絶対核家族というものです。親子関係は権威主義的ではありませんので、結婚した子どもと両親は同居しないのが普通です。アングロ・サクソンは、自由や独立を好む、いわば消費社会にもっとも適した家族形態の伝統をもともともっていたのです。かれらは、分断された社会でも生きていくことができる形で、家族を形成してきたのです。どちらがよいシステムかという二者択一的なものではなく、どちらも固有の文化的背景のもとに生まれたシステムだということだろうと思います。

だから、日本が押し付けられた「グローバル標準」なるものは、グローバルでも何でもなくて、ただの英米のローカルなシステムだというべきものなのです。日本はそれに喜んで飛びついてしまい、その結果、日本的共同体がもっていた強みが、すべて解体させられてしまったのです。

八〇年代の牛肉・オレンジに始まる貿易自由化も、同じ流れのなかで理解すべきことです。これ以後、規制緩和の大合唱が起こり、金融ビッグバンへと続くグローバリズムのイデオロギーが一気に流入してきたわけです。実際には、このときの牛肉・オレンジの規制撤廃による影響はすぐにはあらわれませんでしたが、そこからじわじわと攻め込まれ、自由化することが正義であるかのような論調が支配的になっていきました。

リーマン・ショック以後、経済が破綻したアイスランドなどはその典型でしたが、規制緩和によって、調和的な経済が一気に流動化して、気がつけば一国の産業構造そのものが根底から変えられてしまうというようなことが、このころより起きてきたわけです。結果がよければそれはそれでひとつの進歩といえるのかもしれませんが、リーマン・ショックでは巨大な国富が失われ、失業者が溢れ、貧富格差が拡大するという最悪の結果を招くことになりました。

与太郎が与太郎のままでいられる社会

アメリカ社会は、まさに消費文化そのものです。

この消費文化というものがどういうものであるのかについて考えてみたいのですが、ポイントは、消費者のひとりひとりがみなアノニマスな存在になっているということなのです。消費社会においては、巨大な消費者を必要とする生産者にとって、消費者は数でしかありません。

一方、消費社会に生きている消費者の側も、お互いを特徴づける指標として、記号的なおカネやブランドといったものに傾斜せざるをえなくなります。消費社会とは、巨大企業にとってはうってつけの社会ですが、消費者の側も自らそれを求めてきたわけです。何度も述べてきましたが、消費社会以前の社会とは、地縁や血縁が濃厚な鬱陶《うっとう》しい、不自由な社会でもあったわけで、財布ひとつで自由に生きていけるような社会が待望されていたという側面を無視することはできません。

アノニマスな消費社会では、顔のある人間関係は軽視されます。おカネもないし何も持っていないけれど、面白いからそいつと付き合いたい、という関係性が育《はぐく》まれることはありません。おカネを持っていることが有能で有徳な人間のカテゴリーであり、そうでない人は、無能で存在価値のない人間だというフィクションが生まれてきます。もちろん、そんなことはないというほうが常識でしょうが、非常識であっても便利なフィクションをみなで信じようとしてきたのかもしれません。

日本の落語には、与太郎という登場人物がいます。へまばかりやらかす出来の悪い男で、みんなにいつもバカにされていますが、人間関係に潤《うるお》いや安らぎをもたらす、長屋コミュニティになくてはならない存在です。八っぁん、熊さん、ご隠居は、それをわかっているから与太郎を大事にする。それで社会が成り立ってきたのです。それは、日本的な共同体のつくり方でもあったわけですね。

与太郎とはちょっと違うのですが、アメリカでも異端的なさえないやつのことを「ナード＝Nerd」といいますよね。頭はいいんだけど、ダサい、社会の常識から外れているような若者です。そういう人間がときにイノベーティブな発明などをするわけですが、消費社会となったアメリカでは、ナードがナードのままでは相手にされず、ただ馬鹿にされるだけですよね。ときには、映画や物語でナードが描かれることがありますが、その場合は、ナードは隠れ蓑《みの》であり、秘められたパワーを使って、ナードに代わって復讐を果たすという話型になることが多いようです。

たとえば、『スパイダーマン』はそのいい例です。さえない主人公が、特殊な力を手に入れてヒーローになる。ナードがナードのままでは、アメリカでは物語は成立しません。『プリティ・ウーマン』もわかりやすい例でしょう。恵まれない立場にいた主人公が、成功した実業家と恋に落ちて巨万の富を手に入れるというストーリーです。

なかには、大富豪がホームレスと入れ替わり、おカネ以外の幸せに気づく、『大逆転』

のような映画もあるにはあります。ただ、それはあくまで例外です。おカネを手にして大成功するというわかりやすいアメリカン・ドリームこそが、語るに足る物語なのです。優しいカネ持ちと冷たいカネ持ちが対決し、前者が後者をギャフンといわせるのも、アメリカ的価値観のバリエーションのひとつです。

結局は、勝者敗者を分けるのがおカネです。アメリカ人にとっては、おカネこそが幸せの象徴です。ビル・ゲイツも、もともとはナードでしたが、マイクロソフトが成功し、大儲けしたからこそヒーローになったのです。おカネで勝たないと、アメリカでは陽《ひ》の目を見ることができません。

与太郎が与太郎のままで和やかに生きていけたような消費化以前の日本社会と、ナードがナードのままでは見向きもされない消費化されたアメリカ社会――。いまではどちらの国も消費化してしまいましたが、二つの国には、いまでもこういった価値観の差が存在しているように思えます。

アメリカ化は、脱亜入欧に始まる

日本のアメリカ化、あるいは西洋化の流れは、根の深い問題です。その起源は、幕末開国の時代から明治時代にまで遡ります。江戸時代でも、支倉《はせくら》使節団など、実際に欧米の社会を見聞してその落差に啞然とする。維新以後は、それまで攘夷《じょうい》論を唱えていた者まで西欧に学べということになっていきます。

要するに、脱亜入欧の思想です。

明治新政府の指導者なり役人なりは、その多くが欧米を外遊し（あるいは欧米で学び）、西洋文明の強大さを見せつけられた経験があります。日本と西洋、彼我《ひが》の文明には明らかな上下関係があり、文明的な下位国である日本は、一等国の欧米列強に追いつかねばならないと考えるのは当然といえば当然です。

いま、グローバリズムというと、ほとんど英語をしゃべれることと同義のように語られる風潮があります。楽天という会社が社内公用語を英語にしたのがいい例ですが、この手の議論は、明治のころから絶えることなく続いているのです。

明治の半ば、初代の文部大臣（現・文部科学大臣）を務めた森有礼《もりありのり》は、日本の文明が劣っているのは、日本語が難しすぎるからだという認識をもっていました。日本語の漢字は二万も三万もあって、これを覚えるだけで相当な時間とエネルギーを労するのが問題だというのです。技術開発や知識の向上に力を注げるように、言葉をもっと簡単にしなければならない、アルファベットを二六文字覚えれば済む英語を公用語にするべきだと発言しています。西洋の啓蒙《けいもう》思想を日本に紹介した西周《にしあまね》も似たような考えの持ち主でした。

時代が下っても、手を替え品を替え、同じ議論が繰り返されます。二・二六事件（一九三六年）を思想的に煽《あお》った主導者として処刑された北一輝《きたいっき》は、エスペラント語を日本の公用語にするべきだと主張し、日本語のお手本のような美しい日本語をあやつる作家である志賀直哉でさえも、フランス語の採用を主張しました。

背景には、開国以来続いているある思い込みがありました。日本が西洋より遅れているのは、日本語が西洋語と比べて難解すぎるせいだという思い込みです。

ところが、歴史を丁寧に紐解《ひもと》くと、それは誤った思い込みにすぎないことがわかります。

それを端的に示すのが、江戸時代末期の日本人の識字率の高さです。日本人の多くは読み書きそろばんができて、欧米列強と比べても、非識字率は圧倒的に低かったのです。

日本語が難解な言語だとすれば、欧米よりも識字率が下がる、つまり非識字率が高くなるはずですが、数字はその反対の結果を示しています。英語や西洋の言語が、文明史的に優位な言語であるなどといえる根拠はどこにもなくて、ただ欧米を見聞してその歴然とした差に驚き憧れるのですが、その差がどのようにして生まれたのかに関する省察をすることができずに、日本語の難解さという手ごろな解にしがみついてしまったわけです。その結果として必要以上の外国語崇拝だったり、その逆の空威張《からいば》りのような興亜《こうあ》主義につながっていくのです。

なお、人口動態学を研究するエマニュエル・トッドによれば、識字率の高さは文明化（西洋化）の進展と比例し、少子化につながる要素だとされます。ところが、日本の場合は西洋文明と出会う以前から識字率が高く、それが当てはまらないのが面白いところです。

西洋崇拝も日本礼賛もコンプレックスの裏返し

とにかく、日本人は維新以来、西欧に対してコンプレックスを抱き続けてきている。そこに、何ら合理的な理由がなくともです。これは、頭でわかっていてもなかなか厄介な問題です。というのも——これは作家の関川夏央《せきかわなつお》さんがどこかでおっしゃっていることですが——、なぜ白人を見て美しいと感じてしまうのか、というように、日本人の美的感覚までもが西洋崇拝と骨がらみになってしまっている。

異性に対する美意識って、正直なものでしょう。日本人男性の多くは、白人女性を美しいと思う。わたしもそうです。泰西名画《たいせいめいが》ではないですが、色が白くて金髪の女性を見ると、思わず目を奪われてしまいます。日本人女性も同じです。イケメンモデルは、鼻が高くて彫りが深い、二重まぶたの白人男性です。

日本的な美意識を大切にするのであれば、一重まぶたとガニ股《また》を美しいと思えなければなりません。けれども、西洋的な美を見慣れてしまった日本人が、そういう感覚をもてるかというと、きわめて難しいといわざるをえないでしょう。

ちなみに、白人への美的崇拝は、有色人種全般の問題です。黒人の革命家マルコムXは、「Black is beautiful.」と黒人の美しさを高らかに宣言し、ボクサーのモハメド・アリもその動きに賛同しました。それは、白人に対する強烈な劣等感をひっくり返したいという意識のあらわれだったのかもしれません。

日本人の西欧への憧れは、脱亜入欧以来、心の奥底に染み付いている感情です。アメリカの文化や価値観への無邪気なまでの礼賛《らいさん》も、その拭《ぬぐ》いがたい感情に根差しています。とくに戦後のビジネスの分野では、アメリカなしでやってこれなかった経緯もあり、アメリカのビジネススタイルやビジネス戦略を範《はん》とする傾向が顕著です。

一九九〇年代、アメリカの資産を買い漁《あさ》る日本を、アメリカの人々は「死活的脅威」だとして恐れました。そのとき、アメリカは日本にひっそりと経済戦争を仕掛けます。日本は、自分たちのビジネスのやり方を変える必要はどこにもなかったわけですが、結果として日本には不利な方向へやり方を変えることになりました。アメリカの力に押し切られた面もありますが、アメリカ崇拝の意識が深層心理にまで入り込んでいたことが、日本のビジネスのアメリカ化に拍車をかけたことは否めません。

アメリカで経済的な成功を収めた日本人というのは、いわば、日本が開国以来百五十年にわたって抱き続けてきた憧れを、自ら実現した人たちです。かれらは、その当然の帰結として、アメリカのビジネススタイルを礼賛し、自分の出自である日本的なビジネス慣習をことごとく否定します。そこに、合理的な理由があるわけではありません。深層心理に根差した西洋崇拝の感情が、かれらにそうさせるのです。それは、けっしてロジックの問題ではなく、どこまでもメンタルの問題なのです。

この問題がさらにややこしいのは、だからといって、西洋的なものと一定の距離を置き、日本的な価値を見直せといっている日本のビジネスマンが、一定の距離を置くどころか、過剰なまでの日本礼賛に陥ってしまいがちであるということです。ナショナリズムの病が沸騰し、西欧嫌悪になってしまいます。この嫌悪も、いってみれば、欧米に対するコンプレックスの裏返しです。

そうではなくて、日本と西欧にはそれぞれによさがあり、違いはあってもそこに価値の優劣はない――という境地にいけるのが理想ですが、人間なかなかそうはなれません。ただ、感情的には難しくとも、少なくとも知性においては、違いのなかにある等価性というものを意識している必要があると、わたしは考えています。それは、中国や韓国を蔑《さげす》むような感情に対してもいえることで、そこに文化の差はあったとしても、本来的な優劣の差など存在していないのです。多様性を認めるとは、そういうことだろうと思います。

第六章

詐欺化するビジネス——ウォルマートからプライベートブランドへ

石油メジャーより売り上げる小売店

二〇〇七年に、巨大小売店ウォルマートの裏側を描いた本が世に出ました。『ウォルマートに呑みこまれる世界（原題：THE WAL-MART EFFECT）』（チャールズ・フィッシュマン、ダイヤモンド社）という本です。

この年、ウォルマートはロイヤル・ダッチ・シェル、エクソンモービル、ブリティッシュ・ペトロリアムといった石油メジャーを抑え、売上金額で世界一になりました。小売店が、石油企業よりも多くの売上を記録したのです。

どうしてこんなことが起きたのか、簡単に見ておきましょう。

ウォルマートは、サム・ウォルトンという人物が、アメリカ中部・アーカンソー州のロジャーズという小さな町で、兄弟と一緒に始めた安売りのスーパーマーケットです。キャッチフレーズは「Every Day, Low Price」、略して「ＥＤＬＰ」です。要は「毎日安売り」ということです。いまの一〇〇円ショップの先駆けのような、そういう安売り店を始めました。一九六二年のことです。それから五十年たって、いまでは世界一五カ国に進出し、ついには石油メジャーを上回る売上を記録するまでの巨大企業になりました。

そのウォルマートが世界にどういう影響をもたらしたか――。その「THE WAL-MART

EFFECT」を、この本は紐解《ひもと》いていきます。

ウォルマートがたとえばアメリカのどこか中都市の地域に入ってくると、はじめにプラスの効果がもたらされます。雇用が生まれ、買いものが便利になって値段も安くなります。それで、アメリカの各地がウォルマートの出店を歓迎し、店が全米に広がっていきました。

わたしも、アメリカに出張したときにいくつかのウォルマートに行きました。たしかにものすごく安い。巨大なカートひとつで、店内で何でも揃うのも便利です。ただ、いかにもアメリカっぽいがさつな商品展示で、日本人にはちょっと馴染みにくいところがありました。いや、それ以上にその巨大さに違和感をもったのです。

何にいちばん違和感があったかというと、とくに西海岸が顕著ですが、スーパーやら百貨店がドカンと一カ所に集まったような大型ショッピングセンター以外の店がないことです。日本の商店街みたいなものがほとんどどこにもない。たしかに、ニューヨークとか一部の町には個人商店が連なる商店街風なところがあるにはありますが、日本のように、生活用品をまるごとそこでまかなえる、暮らしと密着した商店街を見つけることはできません。代わりに巨大なスーパーだけが存在感を放っている姿に、どうにも落ち着かない印象を受けたのです。

るということです。

ウォルマートで町が壊れる

ウォルマートが地域に入ってきてしばらくすると、最初にもたらされたいい効果が、徐々に薄れていきます。結論を先にいうと、長期的には地域経済が破壊されるおそれがあるということです。

価格や品揃えで太刀打ちできない地域の個人商店がまず姿を消し、次いで、当初はウォルマートに商品を納めていた地域の業者が次々と潰《つぶ》れていきます。ウォルマートがつくった雇用効果を打ち消して余りある失業が発生し、地域が活力を失っていきます。それは、巨大な胃袋をもった恐竜が、町をまるごと呑みこんでいく光景にも似ています。

そういうレポートが、二〇〇七年の時点でいくつか出されています。ひとつは、ペンシルバニア州立大学のスティーブン・ゴーツという先生が手掛けた研究です。一カウンティ（郡）あたり約七世帯、全米で約二万世帯が、ウォルマートが原因で貧困に陥っているという調査結果が出ています。

二〇〇七年というのはリーマン・ショックが起きる前、ニューエコノミーの効果でアメリカ経済の調子がいいと思われていた時期です。ニューエコノミーというのは、ＩＴ投資の活発化によって、たとえば流通在庫を監視するようなシステムができて、景気の循環がなくなり、インフレなき成長が持続するといったもので、実際にアメリカ全体では貧困率が下がっていて（つまり、貧困を抜け出す人たちがいる）、ウォルマートの進出地域も、総体で見れば貧困率は下がっていました。しかし注意深く見てみると、進出していない地域と比べると貧困率の下がり方が圧倒的に少ない。つまり、ウォルマートが原因で新たな貧困が生まれていたということです。それが不況になると表面化し、リーマン・ショックを境にして、ウォルマート進出地域の貧困率が一気に跳ね上がります。

なかでもわたしが恐ろしいと感じたのは、近隣の納入業者が軒並み潰れていくことです。血も涙もないというのは、まさにこのことです。

この本に出ている例を紹介すると、ハフィーというそれなりに大きな自転車メーカーがありました。もともと二〇種類ぐらいのモデルを展開していて、ウォルマートが来た当初は、ウォルマートが自社製品をどんどん売ってくれて、共存共栄の関係にありました。

ところが、ある日びっくりするようなオーダーがウォルマートから寄せられます。それまでハフィーは、最大でも年に四五万台しか納めたことがなかったのに、急に九〇万台納めろというのです。それは、ハフィー社の製造能力を完全に超えたオーダーです。けれども、「納められない」と言えばそこで取引がすべて終わってしまう。それで仕方なしに、近隣のライバルメーカーに製造を委託し、ハフィーの自転車をつくってもらうことにしたのです。

これは、メーカーにとっては死活問題です。自社の図面をライバルメーカーに見せ、製造技術を伝えるということは、技術の優位性を失うことを意味するからです。

どのメーカーも同じ自転車をつくれるようになると、ハフィーはウォルマートに買い叩かれるようになります。さらに恐ろしいのは、そのあともっと安い自転車を、ウォルマートが中国から仕入れ始めることです。ウォルマートがハフィーの自転車を徹底的に研究して、似たものを中国で安くつくらせてしまう。それにプライベートブランドの冠をつけて安く売り始めると、途端にハフィーの自転車は売れなくなります。それで、結局ハフィーは潰れてしまうのです。

いまでは、プライベートブランドが日本でも広まって、コンビニでもスーパーでも、あちこちで見かけるようになりましたね。巨大な小売店というのは、小売業であると同時に非常にパワフルな消費者という側面をもっています。圧倒的な物量を買い上げる強大なバイイング・パワー（購買力）で、仕入れ価格を徹底的に買い叩くことができます。そうやって血も涙もない方法で仕入れた品物を、わたしたちが、値段の安さに釣られて買うということは、地場の産業や経済を破壊するのに加担することにほかなりません。

地域で「賢く」買う

ウォルマートが出店した町は、風景だけではなく人々の生活までも変わっていってしまいます。人々のライフスタイルや価値観が一変してしまうのです。売り手も買い手も安さを追求することが当たり前のようになり、住民と店舗をつないでいたゆるやかな共同体が失われ、生活の場としての町は、通りすがりの消費するだけの場所になっていく傾向が見られます。

アメリカの中でも、あるいは世界各国にも、ウォルマートの出店を拒否しているところはあります。たとえば、ウォルマートはドイツにも進出を試みますが、結局撤退しました。日本も、西友はウォルマートに買収されましたが、ウォルマートそのものは参入していません。

地域の文化を守るには、こういう参入障壁があることが重要です。たとえば日本人の商店街での消費行動を見ていると、果たしてウォルマート的な大量消費、大量ストック型のスタイルがどこまで日本に浸透することができるだろうかと疑問です。少なくとも、少し前の日本なら受け入れられなかったはずです。西友やイトーヨーカドーのような業態が出てきたということは、やはり日本人の消費行動が変わりつつあるということなんでしょうが。

ちょっと前の日本では、サンダル履きで近所の商店街を歩けば、新鮮な食べものが買えました。いまでも、そういう場所はたくさん残っています。商店街での買いものに慣れ親しんだ日本人にとって、大型カートに商品を山積みして、買ってきたものを家の大型冷蔵庫に突っ込んでおくというウォルマート的なライフスタイルはしっくりきません。たしかに、商店街での買いものはスーパーより値が少し張りますが、景観や醸《かも》し出す雰囲気、価値観みたいなものまで含めると、日本人にとって商店街は心やすらぐ場所であり、安心できる場所でもあります。地域コミュニティも、商店街を中心にしてできている場合が多いと思います。

いま商店街が残っている地域でも、ウォルマートのような巨大小売店がやってきたら、おそらく商店街も、地域コミュニティも壊されてしまいます。

それを防ぐには、消費者が対抗していくしかありません。この本は、「脱・消費」がテーマです。それは、「消費しない」ということではなく、「賢い消費」を実践するということです。ただし、いいものを安く買う、という意味での「賢さ」ではありませんので、誤解なきよう。

消費というのは、ただより安いものを買うことではなく、もうちょっと違った重要な意味合いがあるのです。マーケティングプランナーが定義するような消費選好のタイプに従順でいる必要はないのです。どこの店で何を買い、どういう生活を営むかは、人間のライフスタイルのみならず、地域の経済をつくっていく非常に重要な意味があるのです。

スーパーではなく路面の個人店で買う人がいる町には強さがあります。路面店には顔を知った親父さんがいる。たしかにスーパーと比べるとちょっと高いけれど、顔見知りの親父さんが売ってくれるものには安心感がある。そこで消費したおカネがどこかで地域コミュニティの存続の役に立っているかもしれない。そういったことを意識しているわけではなくとも、地元に対する愛着もあって少し高くとも我慢してその店で買う。

長い目で見たら、それが「賢さ」であり、自分たちの暮らしを守ることにつながります。そうやって地域が一丸となって、利潤第一主義の巨大小売店の進出を阻《はば》むしかないのです。

故郷をもたないアメリカ人

アメリカにやってきた人たちは、まず東海岸に入植し、西へ西へと移動しながら領土を広げてきた人たちです。その傾向はいまも変わりません。いまいる場所が気に入らないとなれば、みんな軽々と移動してしまいます。かれらに、「自分の土地」という意識はほとんどありません。それと対照的なのが、アメリカ大陸にもともと住んでいたネイティブ・アメリカンの人たちです。

前章でも書きましたが、ジョン・フォードの『シャイアン』では、シャイアン族は、あとからやってきたアングロ・サクソンたちに住んでいた土地を奪われ、保護地区に追いやられます。食べものや生活は保証されていても、かれらは自分が生まれ育った土地を忘れられません。そこに戻ってそこで死にたいという思いから、保護地区からの逃走を試みます。結局、アメリカの騎兵隊と衝突して、多くのシャイアン族が命を落とすことになります。同じような話が、フランスの思想家であるアレクシス・ド・トクヴィルが十九世紀のアメリカを旅して書いた『アメリカの民主政治』にも出てきます。ちょっと引用しますね。

チェロキー族とクリーク族とはヨーロッパ人たちの到来以前に、彼等の住地に定着していた。アメリカ人はしばしばこれらの二部族や他の諸部族と条約を締結したけれども、これらのインディアン部族の含まれている諸州は、彼等を独立民族とは認めていない。そしてこれらの諸州は、やっと森からでたばかりのこれらのインディアンたちを、自分たちの役人や自分たちの習慣やそして自分たちの法律に服従させようと企てている。悲惨がこれらの不運なインディアンたちを文明化におしやっているのである。今日では圧迫が彼等を再び野蛮の方に後退させている。彼等のうちの多くの者たちは、自分たちの半ば開墾《かいこん》された土地を去って、未開生活の習性をとり返している。

（『アメリカの民主政治㊥』アレクシス・ド・トクヴィル著、井伊玄太郎訳、講談社学術文庫版より引用。三二九、三三〇ページ。一九八七年四月発行）

こういった略取を繰り返しながらアメリカ入植者たちは、先住民たちの文化や習慣や生活を破壊し、かれらが立ち去った跡地に自分たちの理想の国を創り上げていったのです。入植者たちは、ヨーロッパ人の合理的思考の産物である法や習慣によって、ネイティブ・アメリカンを訓致しようとしたのですが、かれらはそれを拒否したわけです。

もちろん、その後のネイティブ・アメリカンの運命を辿っていけば、多くの場合は、暴力と知略によって狭い場所へと追いやられていく歴史があったわけですが。ヨーロッパ人の合理的思考を拒否したかれらは、非合理的な世界に生きていたわけではありません。ただ、合理性というもののものさしが入植者たちのそれとは異なっていたというほかありません。

話を現代に戻しますが、おカネというものさしだけで考えると、生まれた場所や地域コミュニティへの愛着というのは、非合理なものでしかありません。けれども、より大きな視野で見ると、そのほうがむしろ合理的な側面があります。コミュニティのサポートを受け、人間が持続的に生きていくことができます。地域の人と人とのつながりは、住む人を地域に取り込み、社会的な包摂《ほうせつ》を可能にするのです。

そういうものを考慮に入れず、安さだけを追い求めることを行動の原理にしていると、経済合理性のないものは、地域から何もなくなってしまいます。場所に対する愛着が何の得になるのかということですが、こっちにもっと安く暮らせる場所があるだろうと、ひょいひょい移り住んだはいいものの、人のつながりも何もない場所で孤独に生きていかなくてはならなくなる。だからまわりがみんな敵になり、敵に出し抜かれないように必死になって競争に励むのです。

生まれた土地や生活の場というものが単なる空間ではなく、自分のアイデンティティと密接に関係していると考えるような伝統的な日本人から見れば、土地は略取したり、カネで買ったり、偶然に発見したりすることのできる機能的な資産にすぎないといった考え方は、寒々としたものに思えるのではないでしょうか。昔から、はぐれ者が地域での関係を断って、北へ北へと流れていく光景が、不幸の象徴のように歌謡曲で唄われてきたのも頷《うなず》けます。

生まれた土地がつくり出した「関係性」は、古来、日本人が平穏に生きていくうえでの財産だと考えられていたからです。

元気な商店街とシャッター商店街の差

作家の川本三郎さんが書かれていることですが、東京という町には商店街が連なっています。商店街を歩くと、端のほうは少し寂れるものの、少し行くとまた、名前の違う商店街が見えてきます。商店街から商店街を伝って歩いていくことができる。それが町をつくっていると川本さんは書かれています。

そして、商店街の周辺には電車の駅があります。というよりもむしろ、電車の駅を中心に町ができ、周辺に商店街が広がっています。東京の町には電車の駅がいたるところにあり、駅と駅をつなぐように商店街が縦横に広がっています。

アメリカの町は、日本とは大きく様相が異なります。まず、電車の駅が圧倒的に少ない。サンフランシスコにはサンノゼ方面から入ってくる電車のターミナル駅がありますが、基本的にはクルマ社会で、町の構造やサイズ感が日本とまったく違うのです。

わたしが住む大田区の東急池上線沿線も、商店街に活気がある地域です。駅のまわりに六つも七つも商店街があり、いつも人で賑《にぎ》わっていますが、なかには活気を失った商店街もあります。商店街の八割の店がシャッターを降ろしているような、そういうところもすぐ近くにあります。わずか十年か十五年前までは賑わっていた商店街が、なぜ急に元気を失ってしまったのか——。

その理由を探るため、歩いて町を観察してみたことがあります。事前に立てた、商店街が活気を失う理由の仮説は、「近くに巨大なスーパーができたから」でしたが、実際に歩いてみると、そういうスーパーは近くに見当たりません。

いくつか商店街を歩いてみて、あることに気がつきました。元気な商店街にあって、シャッター通りと化した商店街にないもの——。それは、銭湯、団子屋、そしてお茶屋です。

銭湯や団子屋、お茶屋に集うのはじいさんばあさんです。よく見ると、通りを歩いているのもじいさんばあさんです。かたや、活気を失った商店街では、じいさんばあさんをほとんど見かけません。じいさんばあさんがいない、というわけではないでしょうが、確実に、お年寄りに優しくない場所になっています。

そういう商店街を観察すると、やたらとマンションが目につきます。そこから推測するに、世代が替わり、事業継承をするかどうかのタイミングで、地上げが入ったのではないかと思います。近所の店で聞いてみると、十年前ぐらいから急にマンションが建ちだしたということでした。「これからは小商いの時代じゃない」「マンションを建てて不動産収入で楽に生きるんだ」と、デベロッパーが町に入っていったのだと思います。

そういうマンションに入居する若い夫婦や独り者は、町に愛着をもっているわけではありません。駅近くの便利なところに寝るところがあればいいだけで、晩ご飯も会社の近くで済ませてしまう。生活に必要なものを最低限揃えるために、コンビニはあってほしい。このような商店街には確実にコンビニがあります。

そうした町に住むお年寄りは、自分たちが行ける場所がなくなって、引きこもるしかありません。商店街の団子屋やお茶屋は、町のコミュニティ・スポットとして機能していたのです。

コンビニ大国ニッポン、少子化へ向かう

日本には、ウォルマートそのものは参入していませんが、大店法が改正されて以来、大型小売店があちこちにできています。そして、日本に特徴的なのは、商店街のなかにコンビニエンスストアが紛れ込んでいることです。

コンビニが増えたひとつの理由として、商店街との時間での棲み分け、ということがありました。商店街の店は、だいたい夜の九時か十時ぐらいになると閉まります。つまり、

商店街を利用するのは昼間に活動する人たちです。そういう人たちは、商店街が開いているときは、少々高くても多くの人がそこで買いものをする。仕事終わりに商店街が閉まってしまうような働き方をしている人たちは、コンビニを利用するしかない。

こういう混在自体は、けっして悪いことではないと思います。コンビニは当初は、商店街を補完する役割を担っていたと思います。しかし、日本人のライフスタイルが変化するにつれて、商店街をまったく利用せず、ほとんど外食とコンビニだけで生活するような人々があらわれてきたわけです（イケイケドンドンで会社を大きくしていた時代のわたしもそのひとりですが）。

概して、低所得者にこのような境遇を甘受《かんじゅ》しなくてはならない場合が多い。夜間勤務だったり、長時間労働で働かざるをえない独身者が増えている。これは、タマゴとニワトリの関係でしょうが、コンビニが増えてそのような働き方が可能になったともいえますが、不規則な働き方をする人々が増えたためにコンビニが利用されるようになったともいえるわけです。家は寝るだけ、食事はコンビニ、夜間勤務という生活は、誰もすすんでそうしたいとは思っていないでしょう。コンビニがどんどん進出することで、商店街もまた打撃を受けるということもあるでしょうね。

そもそも、元気がいい商店街ではコンビニをあまり見かけません。やはり入り込む余地がないのでしょう。岡山県の西大寺《さいだいじ》の商店街は、『ALWAYS 三丁目の夕日』の撮影ロケ現場になったところですが、訪れてみるとコンビニが少ないことに気づきます。クルマで回った印象ですが、岡山県は、総じてコンビニが少ないのです。

さらに面白いことに、岡山県は結婚年齢が比較的低く、出生率も全国平均よりは高い。伝統的な地縁が残る社会では、世間の目やしがらみもあるのでしょうが、一定の年齢になると結婚を考えるようになる。周囲でも、世話を焼くおばさんやおじさんがいて、紹介があったりする機会も多く、結婚が早まるということがあるのではないかと思います。

ここから推測できるのは、子どもの数と消費行動には関連があるということです。少子化というのは、文明化とか都市化とか、あるいは消費化と呼ばれる時代の流れのなかで起きている現象なのです。

地縁が生きている町を訪ねると、概してそこには気持ちのいい空気が流れています。わたしも、若いころは何だか鬱陶《うっとう》しいなと感じていましたが、最近ではそういった町の気配を好ましく思えるようになりました。町の外観の綺麗さから、住んでいる人の「わが町」という意識が伝わってきます。町全体がいきいきしているのを感じるのです。

コンビニが提供するのは便利さだけでしかありません。もともと日本生まれの業態ですが、これほどたくさんのコンビニが日本にある意味を、捉え直す必要があるでしょう。商店街が機能していたからこそ、コンビニが受け入れられたという可能性も考えられます。クルマ社会のアメリカに、日本サイズのコンビニがあっても、とてもうまく機能するとは思えません。

日本の郊外には、巨大ショッピングモールができたところもありました。そこは単に買いものをするだけではなくて、多様なレストラン施設や託児所、さらには公共施設の出先機関もある、老いも若きも集える場所になっています。

わたしが思うに、この現象にはひとつの大きな落とし穴があります。

ウォルマートのひとつの問題は、地域の小売業をなぎ倒していくことにありますが、もうひとつ大きな問題があります。それは、店の収益率が悪くなると、土地への愛着も何もないものですから、その地域からいとも簡単に引き上げてしまうことです。すると、その地域に残る人は買いものに不自由する生活難民になってしまいます。これが全米各地で起きたことで、日本でも似たようなことが起き始めています。

企業は、地域に対する責任をもっているわけではありません。利益を見込めなくなれば、あっさりと去ってしまう。そういう企業に、町の機能を期待するのは大きな危険が伴うことを知るべきです。それでも、自治体は大企業や大学や、大型百貨店を誘致したがっていますけど。

詐欺化するビジネスの手口

ウォルマートから遅れること十年から十五年。このところ日本でもプライベートブランドをたくさん見かけるようになりました。コンビニ、スーパーやホームセンターなど、全国で展開する強大な販売網を背景に、メーカーとの取引を有利に進めています。メーカーは納入を断るわけにはいかず、唯々諾々《いいだくだく》と取引を続けるうちに、ある日、コンビニもスーパーも類似品を、たとえば中国のような低コスト地で生産し、自社のプライベートブランドとして展開する。

その店頭陳列の仕方が、ちょっとひどい。これはないわなと、思いますね。メーカーから仕入れたものとパッケージまで似せて、同じ棚に並べて置く。しかも価格だけは安い。知らない人が見たら同じものが安く売られていると思うはずです。それが、プライベートブランドのやり口です。消費者から見れば、同じようなものが安く手に入るのですから、大きな批判は起こらないわけです。しかし、弱小メーカーにとっては、この流れは死活問題なのです。

いまのビジネスの世界には、詐欺《さぎ》のようなやり方が横行しているのではないでしょうか。最近、腹が立って仕方ないのが、何かにつけて違約金を取る商法です。

たとえば、先日ＰＤＡ（携帯情報端末）を買ったはいいけど使わないから解約しました。おカネが返ってこないのは当然としても、やめるのに結構な違約金を払わされました。ケーブルテレビの契約のときもそうです。実家がアパートを経営していて、インターネットやテレビの難視聴対策のためにアパート丸ごとケーブルテレビを契約しましたが、両親が亡くなってしまい、アパートをやめることになって解約しようと思ったら、六世帯分合わせて違約金として何十万円も払えと言ってきました。

インターネット上のいろいろなサービスの会員にしても、一度入るとやめるのはひと苦労です。ネット上の退会のインフォメーションが、知らないと辿り着けないような奥のほうにしか書かれていない。最初はタダだからと釣っておいて、簡単にはやめられないように仕組まれているんですね。保険にしても、肝心なことは小さくしか書いていません。

どれも、法律違反ではないのですが、詐欺的商法といわざるをえません。もちろん、そういうことが契約書のどこかには書かれていて、契約時には一通りの説明は受けているわけですが、普通の人がそんなところまで細かくチェックしないでしょう。最初から、そういうことを見越しているわけです。

こういう詐欺まがいのマーケティング技術を大手企業が大手を振って駆使《くし》しているのが、最近の日本のビジネスの現状です。

消費者の側にも問題があります。そういう詐欺的なものをクレジットカードで借金してまで買ってしまう。一九八〇年代、アメリカがカード社会に突入し、アメリカ人の消費者が借金漬けになりましたが、日本でもそれと同じようなことが起きています。何十枚もカードを持つことに憧れた挙げ句、詐欺的なものを買わされる状況に陥っています。消費者がまんまと合法的詐欺的商法にのせられているのです。

そこから抜け出すには、消費者が賢くなるよりほかありません。同じものなら条件反射のように安いものを求める性向が、このとんでもない詐欺社会をつくりあげています。でも本当は安くはない。安いように見せているだけなんですね。

銀行は、本当に資金繰りに困っている企業にはおカネを貸さず、おカネを十分に持っている企業に、もっと借りてくれと頼み込むのが常です。それでいて、自分たちはバブル期に不良債権を買い集めてしまって、具合が悪くなると、国に泣きついて救済してもらうなんてことがありました。

最近、また銀行の金利二〇パーセント上限という縛《しば》りを解除して二九パーセントもの利息を認める動きが出てきています。その理由が、銀行から金を借りられない中小企業が消費者金融から借金をしやすくするためというのですから、開いた口が塞《ふさ》がりません。消費者金融のほとんどの親会社は、大手都市銀行なんですからね。銀行、生保、ＩＴ企業など、こぞって顧客の弱みに付け込むような商売に熱心になっている。

商店街に息づいていたまっとうな正直商売は、どこへ消えたのか……。

いったいどこに問題があったのか。困っている人を助けようという互助的な精神は消え去り、社会全体がどんどんどんどん詐欺化の方向へ進んでいます。ネットビジネスにしても、流行りといわれるビジネスやマーケティングの手法は、いかに巧妙に消費者を騙《だま》すかに執心しています。こういった狡知《こうち》を考え出す売り手もたしかに悪いですが、それを加速させたのは買いもの病に冒《おか》された消費者かもしれません。

詐欺を生み出す「市場創造」

なぜ詐欺的な商法が横行するのかといえば、その直接的な原因は、飽和した市場で、本来は必要のないものを無理して消費者に買わせなければならなくなっているからです。市場が縮小しているにもかかわらず、右肩上がりの経済を志向していますから、企業間競争は苛烈《かれつ》にならざるをえません。

縮小する市場のなかにでも、新たな市場を創り上げる必要もあるでしょう。それが「市場創造」です。なくても生活が困らないものを、欲望を喚起して買わせるのが、「市場創造」ということなのです。そこに、詐欺的な要素が含まれてくるのはある意味で当然の成り行きです。まっとうなことだけをしていては、欲望など喚起されるものではないからです。

買うほうも買うほうです。大企業のやり口にまんまとのせられて、喜んでカードを使って借金をしてまで買いものをする。これは非常にまずい状況です。おカネを入れておくはずの財布に、一〇枚も二〇枚もカードが入っているというのは、ちょっと異常なことなのです。でも、それを異常だと思わなくなってしまう。

わたしがもうひとつ気に入らないのは、個人情報保護です。自分がカードで買いものをして、不明点があり問い合わせをしようとしても、教えてくれない場合があります。自分ならまだしも、年老いた親が入っていた保険やら、預金の問い合わせをしても、個人情報保護の壁が立ちはだかります。なんともイヤな社会になったものです。

本にも似たような傾向が見られます。本は、紙を売っているわけでもパッケージを売っているわけでもなく、知の中身を提供するものです。問題はその中身ですが、ベストセラーランキングに入っているような本は、いかにして労せず賢く儲けるかというようなものばかり。店頭にはある種の詐欺師養成講座のような本がドヤ顔で並んでいます。

そうかと思えば、漱石や鷗外、永井荷風のような、参照すべき知性には、もうほとんど誰もアクセスしようとしなくなっています。汲《く》めども尽きぬ知見がそこにはあるのですが、それらは即効性のある有益さとは無縁なものです。

それらは何かのためにあるマニュアルではありません。しかし、何かのためにではなくとも、大切なことがあるわけです。

英語でサムシング・フォー・ナッシング。アメリカのスモールタウンを取材して珠玉《しゆぎよく》のような本を書いた駒沢敏器《とし き》さんに教えてもらった言葉です。人間の社会を豊かにしてくれるのは、有益性だけではありません。無益であっても、いや即物的には無益ですが、人間が成長していくためには必要な滋養物のようなものがあります。先だって新聞を開いたら、最近の大学生でまったく本を読まない者が四〇パーセントに達しているという記事に出会い驚愕《きようがく》しました。時間が余ったときはスマホを見ているというのです。

どうも、本も社会も情報化は進んでいるけれど、わたしから見ればそれは劣化といわざるをえません。ベストセラーなら誰もが読みますが、それは本を読むというよりは、情報にキャッチアップするという行為に近いのかもしれません。そもそも、本はそんなに売れるものではありませんよ。一〇〇万人がこぞって同じ本を読むようなものではなく、一万部とか二万部が売れればちょうどいいぐらいなのです。

人間の欲望の不思議

何が必要で、何が必要でないかを一概にいうのは難しいことです。マズローの欲求五段階説にあるように、人間の欲求には、生存欲求に始まり、自己実現欲求までいくつかの階《かい》梯《てい》があります。最下層の生存欲求を満たすのが、生活必需品といわれるものですが、それだけ満たせば十分かというとそうではありません。生存条件が満たされれば、自然と、自分を精神的に豊かにしてくれるものを欲するものです。

では、いま何が問題なのかというと、欲求の階梯にかかわらず、わたしたちが必要だと思うものと、企業が売ろうとしているもののあいだに大きなミスマッチがあることです。こんなものはいらないといったものまで買わされてしまって、結局、違約金でおカネを取られてしまうのは、自己責任なんですけど、やはりちょっとどうかしています。落とし穴を仕掛けておいて、落ちたら自己責任という感じですかね。

文明の進展とともに、必要なものは多くの人のもとに行き届き、市場が飽和するのはある種の必然です。そこで大量にものを売ることはどう考えても無理がありますが、企業は大量生産・大量消費の様式から抜け出せずにいます。これまでの成功体験に絡め取られて、「市場創造」という詐欺的な手法に陥ってしまっているのです。さもなくばグローバ

マズローの欲求五段階説

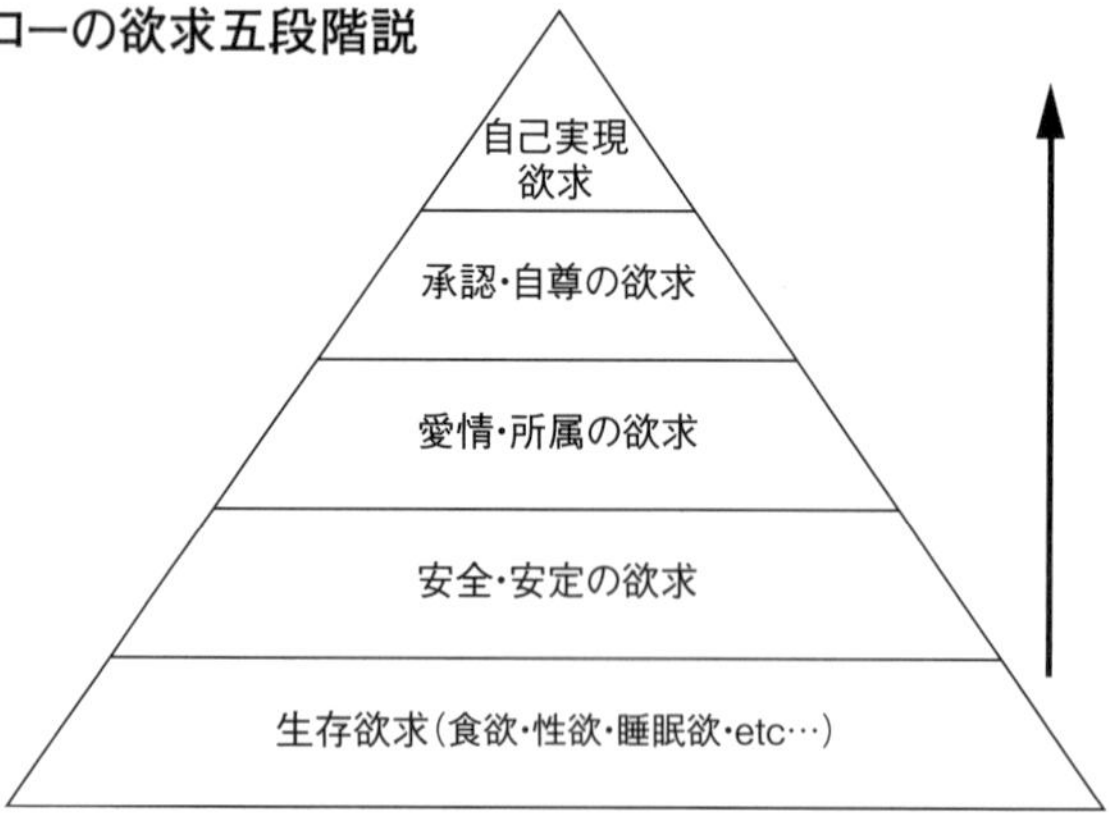

リズムです。発展の余地があるところに市場を広げるために、参入障壁を排除しようとするのです。

　内田くんがよくいうことですが、人間というのは、他人の欲望を欲望するものです。他人の欲望を模《も》倣《ほう》するといったほうがわかりやすいですかね。他人が持っているバッグを欲しいという欲望が、こちら側の欲望を誘発するわけです。しかし、それだけであれば欲望が再生産されることはありません。みながヴィトンのバッグを持てば、そこで欲望が収まるはずだからです。

　ところが、人は、他人と同じでありたいと思うと同時に、他人と違っていたいと思う矛盾した生きものです。そこが人間の欲望の不思議なところです。つまり、ある一定数が同じものを持ったときに、それは途端に陳《ちん》腐《ぷ》化してしまう。他人を欲望すると同時に他人から欲望されたいと欲望し、自分は違うものを持とうとするのです。

こうした人間の矛盾した欲望の構造が、消費社会をやむことなく駆動し続けています。その欲望のあり方を誰かがコントロールできるはずもなく、それが行き着くところ、欲望を満たすことだけが生きることの目的だと信じてしまう人間を大量に生み出してしまいました。

かつては、人と違っていたいという欲望は、もの以外で満たされていたものでした。たとえば、人と違う知識や才能を持っていることが意味をもっていたのです。おカネ以外の差別化指標が存在していたわけですが、いまはそれが失われ、おカネだけが人との違いを生み出す道具になってしまっています。

おカネそのものは、無色透明な共通言語にすぎません。それはむしろ英語以上の世界共通語です。世界のどこでも、おカネさえあればさまざまなものと交換できる便利なものですが、わたしたちが交換価値にしか価値を見出せなくなっているとすれば、非常に大きな問題です。

ブランドの意味が変わった

ブランドというのは、企業の側から見るとある種の資産です。勘定科目にはあらわれない、暖簾《のれん》のような「目に見えない資産（インビジブル・アセット）」です。ものに信用を与えるというのが、本来的な意味合いです。

このブランドを消費者の側から見ると、消費者どうしの優劣を決める差別化指標として機能します。あるブランドを持つことは社会的なステータスを表現します。消費者は、そのポジションを手に入れたくてブランド品を買い求めるのです。

売る側は、その欲望を巧妙に刺激します。クレジットカードにまでブランドを付与して、ゴールドカードだプラチナカードだブラックカードだといって、本来は必要のないものを次々と買わせようとするのです。

どうしてこんなことになってきたのか。

近代化の過程で、人種や家柄や思想・信条で差別をしてはいけないというタテマエが確立され、旧来の差別化指標が消滅します。西欧において個が確立されて、個人主義が日本にも流入してきて、何ものによっても差別されず、自由に生きることが称揚《しょうよう》されたわけですが、それはきわめてまっとうなことでした。しかし、人間というものはどこかに差別指標を見出したい生きものであるようですね。そこで、努力次第で誰にでも手にすることができる、透明な差別指標である、おカネに目がつけられたわけです。

かつては、おカネの多寡はそれほど重要な差別指標ではありませんでした。昭和三十年代に街場で暮らす人々は一様に貧乏でしたから、おカネが差別指標にならないんですね。どちらかといえば、おカネを持っていることで威張っているようなやつを貶下《へんげ》的な視線で見ていましたよ。それは、ある意味でとても健全な価値観だと思いますが、それがどうにもわかりにくくなっています。戦中派の人たちが、いまもそういう価値観をもっているのは、戦時、おカネが無力になったことを体感として知っているからなのです。

少し時代が下ると、おカネをひとつの差別指標としてアイロニカルに捉える言葉が流行しました。マル金（カネ持ち）・マルビ（貧乏）という呼び方です。それがいまではにべもない、勝ち組・負け組という言葉に変わりました。カネの有無で人間の優劣を判じようとするようなきわめて即物的な人間観です。

顔を取り戻す

おカネは、ただの交換ツールにすぎませんが、それが差別の指標になったことで信仰の対象という地位を獲得しました。ある人がおカネを持っていることと、その人が優れた資質を持っているということは、本質的には何の関係もないわけですが、単純にイコールで結ばれる風潮が強くなっているのです。これは、行き着くところまで行くと、人間の否定につながります。

一九六〇年代に東大総長を務めた大河内一男《おおこうちかずお》さんの「太った豚より痩《や》せたソクラテスになれ」という言葉にも、そういう社会風潮への批判が含まれていました。ところが、いまの時代にその意味はわかりにくくなっています。「豚カッコ悪いからね」「シェイプされたソクラテスのほうがカッコいいよね」「じゃあジムに行こう」みたいにおカネを使う方向に話が逸《そ》れていきかねません。

金銭一元的な価値観は、都市化の必然であり、共同体が崩壊したあとに身を守ってくれる最後の砦《とりで》がおカネでした。その結果、わたしたちはおカネ持ちか貧乏人かというカテゴリーに分類され、顔のない消費者としてマーケット分析の対象とされるようになったわけです。わたしたちは、その言葉の本来の意味での人間性を取り戻す必要があります。本来は一人一人がみな違うわけで、匿名性から抜け出して、顔を回復するプロセスに立ち戻る必要があります。そこで、顔のない消費者であることをやめること、つまり「脱・消費」という生き方が参考になります。「脱・消費」によって自分の顔を取り戻すということです。

断捨離《だんしゃり》が有効なのもそのためです。断捨離とは自分にとって不要なものを削《そ》ぎ落とすことで、人間性を回復していこうというひとつの試みなのです。

お互いの顔が見えていたら、無慈悲にひどいことをできるはずもなく、詐欺的な商法が横行することもありません。気をつけなければならないのは、企業は、「あなたの顔が見えていますよ」というふりをして接近してくることです。「安いものが好きなんでしょ」という甘い言葉に引っかからないようにしなければなりません。

顔が見えている関係のうえで、経済活動をおこなうのが本来の姿でしょう。顔が見える関係にあれば、たとえば大手の流通がメーカーから商品を仕入れる場合でも、どんな人がつくったのかということを踏まえて価値を判断することができます。あいつのつくったものなら安心だというわけです。顔の見えない状態で、おカネだけを指標に競争原理を働かせれば、匿名のサプライヤーをズラッと並べ、価格だけを判断の材料として、より安く納入できるものから仕入れることになります。

匿名の消費者でいるとは、そういう企業の戦略に完全にのせられているということです。皮肉なことに、いま、匿名性から顔を回復する唯一の方法は、クレーマーになることです。そうすると、企業が自分を完全に認知してくれるからです。

けれどもそれは歪《いびつ》な関係です。本来、一人一人が顔と名前をもっています。クレーマーにならずに賢い消費者になり、顔と名前を回復する方法を考えていかなければなりません。

詐欺的な商法に頼る企業が恐れるのは消費者の不買運動です。消費者の行動には企業を動かす力があります。「便利ですよ」「流行ってますよ」と何度も何度もいわれると、それに抗《あらが》うのは簡単ではありませんが、そこを踏みとどまることからしか、顔と名前を回復する道は生まれてこないのです。ウォルマートのような巨大企業が、仕入れ時に安く買い叩くような力を発揮することをバイイング・パワーといいますが、それとはまったく逆に、個人個人は、買わないというやり方でバイイング・パワーを発揮することが可能なのです。

第七章

消費者マインドを超えて

小商いを直撃する消費税の増税

日本はこれから、すさまじいまでの高齢社会を迎えます。わたしはいまでも銭湯が好きで、時間を見つけてよく通います。そのときふと気がついたのが、銭湯に来ている人の年齢層の高さです。来ているのはもう老人ばっかり。六十歳を超えたわたしが最年少という状況でした。

それは、平日の日中という時間帯のせいもあったかもしれませんが、実際に昼間の町を歩いてみれば、歩いている人の多くは老人です。かれらのほとんどは、仕事を引退して稼ぎを得ていません。そういう人たちが、これから先、毎年毎年、人口の何パーセントか確実に増えていきます。経済が減速する状況で、社会は増え続ける老人たちを養っていかなければならないのです。

わたしのもうひとつの気掛かりは、いま次々と、町の路面店が消えていることです。東京・大田区のわたしの家の近くでも、どんどん銭湯が減っています。

銭湯の料金は大人で四五〇円。コーヒー一杯の値段で、一日一〇〇人来ても四万五〇〇〇円。それであれだけ広い風呂場にお湯を張ると、水道代もガス代も相当な額になるはずです。それに、銭湯の敷地は広大です。土地を所有していたらまだしも、これに家賃が加わったら、まず経営は成り立たないでしょう。銭湯の番台に座るのは、よたよたのおじいさんとおばあさんばかり。かれらがいなくなったら、もう跡を継ぐ人などいなくなって、銭湯そのものが消滅する可能性だってあります。

だとすると、なぜ昔は、町にいくつも銭湯があってやっていけたのかと不思議になりますよね。わたしの生まれた町には三軒の銭湯があり、いまより安い料金で、銭湯は当たり前のように営業を続けていました。風呂がない家も多かったから、というのがひとつの理由でしょうが、芋《いも》を洗うように混んでいたわけではありません。水中メガネを使って遊んでいたほどですから、それなりに客が来れば銭湯はやっていけたということです。

かつては、そんなにおカネがなくても生活できたということです。

おカネがなくても暮らしを立てる手段があり、地域の助け合いもあり、物価もいまより安かったから、いまより収入が低くても、人々は何とか暮らしていくことができたのです。

個人が経営する喫茶店も、危機に瀕《ひん》しています。わたしは自分で喫茶店をやってみてわかりましたが、いまの時代、喫茶店だけで暮らしを成り立たせるのはほとんど不可能です。一杯五〇〇円のコーヒーが一日で何杯売れるのでしょうか。しかも、コーヒーチェーン店に二〇〇円や三〇〇円でコーヒーを出されたら、個人店は太刀打ちのしようがありません。家賃も上がり、物価も上がっているのに、価格競争を仕掛けられたら、もう店を畳むより仕方ありません。

そこに今度は消費税の増税です。個人店で、コーヒー一杯の価格を上げられるかといえば、まあ現実的には難しいんですよ。二〇一四年四月一日からの三パーセントの増税を機に、商売をやめる店が増えるのではないかと危惧しています。銭湯も消費税分の値上げをしないでがんばっています。四五〇円のまま据え置きで、わたしは増税の日に受付のばあさんに、「大丈夫なの？」と思わず聞いてしまいました。小さな商売ほど、消費税を価格に転嫁《てんか》できないのが現状なのです。銭湯に通っているのは、おカネ持ちではないでしょう。庶民ですね。庶民は数十円を節約しながら生活を維持している。だから、そういう顧客をもっている小さな店もなかなか値上げができないのです。小商いの店ががんばっていまの下層の経済を支えているといってもいいかもしれません。

あらゆる個人店が、同じ状況に直面しています。駄菓子屋もそうだし文房具屋もそうです。昔は生きていくために続けられた商売が、いま急速に続けることが難しくなっています。いろいろな人間が生きていけるのが「いい世の中」であるのと同じように、いろいろな人が、いろいろな商いをして生きていけてこそ「いい世の中」だと思います。

与太郎と小商いが生きていける世の中っていいと思いませんか。

一方で、付加価値を生まない産業は淘汰されて然《しか》るべきだと主張する経済成長論者たちがいます。銭湯や喫茶店に付加価値もへったくれもあるかと思うわけですが、かれらはそうやって、非効率な農業も平然と切り捨てていきます。

小商いが存続を脅《おびや》かされているのは大きな問題です。付加価値の高い商売しか成り立たないようにすることは、社会と人々の暮らしを破壊することと同義だと思うのです。

消費マインドの罠

問題の根源は、個人のマインドが、完全に消費中心になっていることにあります。

消費マインドで考えると、この消費生活を続けるためにいくらの収入が必要か、という計算から出発することになります。「家賃がいくらかかるから、最低賃金はいくらないと暮らせない」と。それでは、どこまでいっても消費者から抜け出すことはできません。

けれども実際は、入ってきたおカネでやりくりすれば、十分生きていくことができます。わたしの友人には、月五万とか一〇万の収入でこの年まで生きてきた人間が何人かいます。借金さえなければ、それでもどうにか生きていくことができるのです。

借金を抱えるわたしがいえた話ではないですが、借金までして消費生活を維持しようとするのがカード社会です。カード社会は便利といえば聞こえはいいのですが、要するに借金をシステム化した社会です。借金があれば、それを返済するために働かなければならなくなる。落語によくあるおとっつあんが病気で、吉原に身売りなんていうのも、借金を前提とした物語です。極論ですが、借金さえなければ、生活費は、ある意味では水だけで何日生きられるかという話であって、ゲーム感覚で生活費を減らすのを楽しむことだってできます。

わたしの友人には、仕事でほとんど稼ぎを得ることなくひたすら絵を描いている画家もいます。かれの生活があまりに不思議だったので、「そんなんでよく生きていけるね」と聞いたときのかれの答えが面白かった。

「ヒラカワ、カネは借りちゃいけないぜ。もらうんだ。苦しいときに一万円くれる友だちが一〇人いれば生きていける」と――。極意は、借りないこと。借りずにもらえば、何とかなるというのです。

これは、考えてみれば僧侶の托鉢《たくはつ》の生き方そのもので、かれはたしかに、そのくらいいろいろなところからおカネをもらっています。六十歳にもなって、まだおっかさんから小遣いをもらっていたほどです。

かれを支えているのは、画家の自分がたかがおカネであたふたできるかという矜持《きょうじ》なんでしょう。この考え方に問題がないわけではありませんが、かつてはけっこういたんですね。社会がそういった価値観を許していた。売れない画家である友人は、いまだに、おカネは持っている人間からもらえばいい、そうすれば生きていけるという人生を、実際に歩んでいるのです。

要するに、おカネというのは、誰かが持っていればそれで十分だというのです。持っている人が誰もいなくなるのも、それはそれで平等な社会でいいでしょうが、そこまでいかないまでも、信頼できる友だちのなかにおカネを持っている人がいて、それを回していけば暮らしはどうにかなるというわけです。

本当は、銀行がその役割の一端を担うべきだと思います。途上国で低利で貧しい人に少額資金を貸し出すグラミン銀行の考えは、そういうところにあるのでしょう。グラミン銀行というのは最貧国のひとつであるバングラデシュに、チッタゴン大学教授であったムハマド・ユヌスらがつくった機関で、二〇〇六年にノーベル平和賞を受賞しました。日本の銀行はいまや完全に企業の側の一機関になっており、右肩上がりが見込めないいま、贈与するかのように貸し出すことは、現実的には期待するべくもありません。

一方で、消費でしか社会を変えられない

「消費者」から下りるとはいっても、買うことをやめることはできません。そういう意味

では、どこまでも「消費者」であるわけですが、生きていくうえでの価値観を変えることで、消費行動を変えることができるはずです。

そのひとつのカギを握るのが、生産者としての側面を回復するということです。

人間は、どんな時代でも常に消費者であり生産者でもあるわけですが、いまは消費者の側面だけが歪《いびつ》なまでに大きくなっています。生産者の側面は、いまも消費を続けるための方便として残っていますが、本当の意味で生産することをいかに回復するか、それが重要なポイントになるはずです。

そういう意味ではやはり、「じいちゃん、ばあちゃん、かあちゃん」の「三ちゃん」で営むかつての「小商い」の形が、いまだからこそ可能かもしれないという気がしています。

要点は、おカネ儲けをするのではなくて、生きていくこと。

生きていくための戦略として、「脱・消費者」を考えてみたいのです。

そのために何をどうするか——。単純に昔に戻れというのは現実的な解ではありません。

たしかに、昭和三十年代までの日本は、みな顔をもっていました。当たり前のように商店街で買いものをし、それどころか、うちの母親のように買う必要もないのに、毎日飽きずに商店街へ通う。行くと、「風邪にはこれがいい」「神経痛にはこれだ」といった話から、「あのうちのお子さんは今年受験ですね。それなのに、夜中に女の子と遊んでいて……」なんていう噂話《うわさばなし》に至るまで、どこぞのおばさんが余計なことを母親に吹き込むわけです。

そういう筒抜けの世界を毛嫌いして、わたしたちは自分で商店街的なコミュニティを否定してきた歴史があります。プライバシーを求め、匿名でいられることをむしろ自分から望んだのです。その結果、人々が自分の世界に閉じこもり、商店街が活力を失っているわけですが、自分たちが一度否定したところに安易に戻るわけにはいきません。それをどうするかを考えていかなければならないのです。

それはなかなかに難しい問題ですが、まずはどういう変化を辿っていまがあるかを知ることが大切です。そして、数が減っているとはいえ、元気な商店街もまだまだあります。変化の歴史を知ったうえで、実際にそういうところを歩いてみる。そこで、町がどうあるべきかを考えてみる。まずはそれが第一歩ではないかと思います。

実際に歩いてみると、いま残っているものは大事にしようという感覚が芽生えてきます。そうすると、少しずつ消費行動が変わる。「スペンド・シフト」が起こるわけです。

それでも便利さのあまり、ついアマゾンで本を買ってしまったりするわけですが、いまに至るまでの流れを知っていれば、自分の消費行動を相対化することができます。そうやって少しずつ意識を変え、地元で買えるものはなるべく地元で手に入れるようにするのが、遠回りなようでいて、ひとつの確かな道ではないかと思います。

商品経済のなかに贈与経済を

ここまでで触れられていないポイントについても見ておきましょう。

いまの消費行動には、少しでも「安く」買うことがいいという雰囲気がつきまとっています。それは、賃金が上がっていないからです。

そういう雰囲気をもって「デフレ」と盛んにいわれますが、じつはデフレは起きていません。デフレというのは物価が下がることですが、ここ十年の消費者物価指数を見るかぎり、物価は下がっていないのです。横言《よこば》いです。

たしかに、これまでの常識では考えられなかったような安い商品というのも出てきています。けれども、二〇〇円台の牛丼がある一方で、高級なステーキもあります。それらを平均してみると、消費者物価指数は横這いです。定常状態に近づいています。物価は上がるのが常識だった時代とは様相が違うのは確かですが、これをデフレというのはまやかしです。

物価が下がっていないことは、銭湯代を見れば一目瞭然《りょうぜん》です。銭湯代はいま四五〇円

（東京都）。わたしが生まれた一九五〇年当時の一〇円と比べるとずっと高いですし、二〇〇〇年に入ってからも三度値段が上がっています（二〇〇〇年：三八五円から四〇〇円、二〇〇六年：四〇〇円から四三〇円、二〇〇八年：四三〇円から四五〇円）。コーヒー代だって下がっていません。なかには二〇〇円でコーヒーを出すところもありますが、それは価格戦略としてそういうことをやっているわけです。

ユニクロも、徹底した低価格戦略をとっています。「成長かさもなくば死か」どちらかだとユニクロの柳井正さんはいいますが、ユニクロのように低コスト地を探して果てしのない価格競争に入ると、こんな殺伐《さつばつ》とした企業観しか生まれてこなくなります。

たしかに、このまま賃金が上がり続けず、そのためにいまより安いものしか売れなくなればデフレになるかもしれませんが、少なくとも横這いであれば、理屈のうえではデフレになりません。

入ってくるおカネの範囲でやりくりする生活を、ＱＯＬ（Quality of Life：生活の質）を落とさずに送る方法はあるはずです。いま、生活に直結しない無駄な消費をずいぶんとしていますが、それをやめるだけでけっこう豊かな生活ができますし、そういうことを実際にやり始めている人たちも増えています。

それはすなわち、いまの商品経済のなかに、もらったりあげたりで成立する贈与経済を組み入れるということです。

たとえば、着物の流通は間違いなくそうなっています。着物好きの友人にいわせると、着物というのは「買うものじゃなくて回ってくるもの」なんだそうです。『オニババ化する女たち』（光文社新書、二〇〇四年）の著者で、年中着物で通している三砂《みさご》ちづる先生も同じことをおっしゃっていました。

買ったらものすごく値の張るものを、贈与でやりとりする。商品経済と組み合わせたハイブリッドな交換システムを取り入れることで、生活の質を維持することができます。

そういう贈与経済に難癖《なんくせ》をつける人もいますが、それは、大企業の論理が身に付いてしまっている人でしょうね。現代の価値観の中心を企業が牛耳《ぎゅうじ》り、社会そのものが企業に乗っ取られたようになっているので、企業によくないことは社会的によろしくないことだという論理に陥ってしまうわけです。しかし人間の生活から見れば、「買わない」こと、「もらう」ことは何ら悪いことではありません。

おカネの浮き沈みに惑わされてはいけない

そういう暮らしを送るうえで、物価の安定はとても大事なことです。

けれども、政府はその真反対のことに全力を注いでいます。

アメリカのやり方を真似するかのようにおカネを印刷してばらまき、おカネの価値を薄めて人工的にインフレを起こそうとする。得をするのは、銀行、大企業、富裕層でしょうか。庶民は物価だけが上がって、賃金は上がらず格差は拡大する一方になって終わりというこことになりかねません。アメリカで起きたことが、日本でも起きるということです。

オリンピックのための施設を、古いものを壊してつくり直すというのもいかがなものかと思います。いまあるものを使えばいいのに、おカネを回すためだけに、スクラップ・アンド・ビルドをやろうというのです。

いまの日本は、非常に危ういポイントに差し掛かっていると思います。

わたしはいま、東京大田区にある人工の島、京浜島《けいひんじま》に興味をもって取材しています。一九七〇年代の美濃部《みのべ》都政の際に、騒音や排気など、公害の被害を減らすために、町工場が次々と移転されてできた工業地区です。

それらの町工場がいまどれだけ残っているかというと、大半が入れ替わっています。たとえば金属加工では、当初移転した二四社のうち、現在残っているのは七社だけです。入れ替わって姿を消したのは、バブルに浮かれて経営を誤った企業です。身の丈を超えて中国に進出し、あるいは過剰な設備投資をして、投資が焦げ付いて倒産していきました。

いまも残るのは、バブルに躍らされなかった地道で堅実な企業ばかりです。ただ、そういう会社が儲かっているかというと、そんなことはない。あいもかわらず厳しい環境で操業を続けていますが、ものづくりの職人としての信念を曲げようとはしません。生きていくというのはこういうことだなと教えられます。

おカネというのは、常に浮き沈みを繰り返すものです。その流れに生活や仕事を合わせようとすると、長い目で見ればたいてい失敗します。浮き沈みに惑わされないことこそ、生きていくために必要な知恵なのです。

小さく稼いでぐるぐる回す

小商いを難しくしている理由のひとつに家賃があります。銭湯も喫茶店も、家賃を払う必要がなければ、つまり自分で土地を持っていれば、いまの時代でも成り立つかもしれません。

そうだとして、土地を持たない人はどうすればいいのか――。それが大きな問題です。地道に堅実に商いをしても、家賃に多額のおカネがかかるようでは、商いを続けていくことはできません。

そういう課題を克服するためのひとつの手法が、小商いの担い手と、土地所有者とのあいだにクッションを設けることです。遊休施設や格安物件を探して再利用できるようなこ

パン屋タルマーリーを営む家族とスタッフ。
岡山県勝山市で地元の農産物と、家屋に棲みつく天然菌によるパンづくりをしている。「利潤」を生まない経営を提案し、注目されている。

とを、自治体レベルでおこなうこと。わたし自身、ビジネスカフェジャパンの事業の一環で、新興企業に格安でオフィスを貸し出すインキュベーション・センターを運営したことがあります（小商いというよりは起業の支援でしたが……）。

ところが、その試みはうまくいきませんでした。厄介な企業に貸してしまい、家賃を踏み倒されたまま居座られたのです。都会のアノニマスな社会でインキュベーションをするのは、そういう難しさも伴います。

もうひとつの消費者からの脱出方法としては、地方で小商いを始める道があります。地方は、都会に人口が流出し、土地も物件も余っています。家賃も物価も安い。地元の人たちと関係を築き、地縁共同体に入ることができれば、小商いを成立させる大きな可能性が開けてきます。

ポイントは、とにかく儲けようとしないこと。もちろん、赤字では続かないし、そろばんを合わせなければなりませんが、自分たちが暮らしていくために、やっていける範囲のことをやればいいのです。

二〇一三年秋、『田舎のパン屋が見つけた「腐る経済」』（渡邉格《いたる》、講談社）という本が出ました。あのパン屋さんの感じは、小商いのひとつの理想形です。やっていて楽しそうなのが、傍《はた》から見ていても伝わってくるし、実体のあるものをつくる喜びと、顔の見えるお客さんに喜んでもらえるのは確かな手応えになります。小商いの担い手と、店を支えるお客さんが顔の見える関係を築くというのは、重要なポイントになるはずです。

日本を支えているのは、少数の大企業ではなく大多数の中小企業です。これからの日本が目指すべきは、小さな企業と小商いが、大きな儲けは得られずとも、着実に稼ぎを得られる循環をつくることです。江戸時代の煙管《きせる》屋は口先の金具屋、竿《さお》の部分専門、先端の金具屋というように細かな小商いに分かれており、そこで小さなおカネを回す仕組みをつくっていたそうですが、こういった方法に学べば人の暮らしも社会も、どちらも無理なく成り立っていくのです。

起業ではなく小商い

歴史を振り返ると、江戸時代は小商いが生きやすい時代でした。

江戸の人たちにとって、煙管は必需品のようなものでした。ところが、煙管そのものを売る店はありません。先ほども少し触れましたが、ある店は雁首《がんくび》の部分だけをつくって売り、ある店は竿の部分だけを扱い、ある店は口先金具だけを売る。使う人は、必要な部分を買ってきて、自分で組み上げて使っていたのです。買い手がそれを受け入れていたし、働き手も、小さな商いだけで生きていくことができたのです。

煙管を一本まとめて売ろうとしなかったのは、当時の人の知恵ではなかったかと思います。いまふうにいえば、ワークシェアリングということになるのかもしれませんが、多くの人が生きていけるように、仕事を分け合っていた。職人どうしのサプライチェーンですね。傘屋も、傘張りだけやっていれば食べていくことができました。商いの規模を大きくすることは望めませんが、それで何とかなっていました。非効率な業種を買収し、垂直統合して巨大なショッピングセンターをつくるウォルマート方式の逆のやり方ですね。

経済効率だけを指標にすると、投下する資本と労働を最小限に抑え、最大のリターンを求めるしか道がなくなります。そうなると、給料が高い日本では、ものづくりなんて手間のかかることをしていては割に合わない。少ない労働で大きく儲けられる、金融のような産業に特化すべきだという意見が出てきます。

それを突き詰めていった先に訪れるのは、商店街の崩壊であり、地縁の解体です。わたしがシリコンバレーで目にしたように、何もない場所にひとりポツンと、寂寥感を抱えて生きていくのが生活のデフォルトになってしまいます。

そういうところで描ける夢といったら、がっぽり稼いで六本木ヒルズのペントハウスで暮らすという程度の、アメリカン・ドリームを矮小化《わいしよう》したような、くだらない夢でしかありません。

ひとつ注意しておきたいのは、「小商い」と「起業」は分けて考えたほうがいいということです。「起業」という言葉には、アメリカ的な価値観が多分に含まれています。わたしもかつて、アントレプレナーシップ・マインドを後押ししていたひとりですが、いまの日本に必要なのは、アメリカ的な成功を成し遂げ、富を手にするための「起業」ではなく、多様な生き方、暮らし方を可能にする「小商い」だと思うのです。

思えば、わたしが内田くんら友人と始めたアーバン・トランスレーションも、生きていくための「小商い」でした。わたしたちはみな、会社に勤める適性がなかったから、自分が生きていくために、自分ができそうなことをやるしかなかった。ただそれだけのことです。それが幸か不幸か、わたしもいつしかアントレプレナーのひとりとして見られるようになり、暗黒の世界に巻き込まれていったのです。

文明とは快適さのこと

近代化とは、ひたすら快適さを追い求めて消費し続けたプロセスでした。養老孟司先生の言葉ですが、快適さとは要するに「変化しない」ということです。本来であれば暑くなったり寒くなったりするところに、石油をがんがん燃やして温度を一定に保つ。つまり、人為的に秩序をつくり出すことを人間は追い求めてきたわけです。

人間は、たしかに快適な都市空間を手に入れましたが、不思議なもので、快適なだけだと飽きてしまう。快適さ以外に何もないと、退屈で耐えられなくなってしまいます。

たとえば、一流のホテルを渡り歩く快適な旅行をしたとします。プールで泳ぎ、バスローブを羽織って部屋で高級ワインを飲みながらテレビを見る。最初はリッチな気分に浸れて楽しいかもしれませんが、わたしならこんな旅行は二日が限界です。個人差もあるでしょうが、旅は冒険があるから面白い。財布を盗まれておカネがなくなって、進退窮《きわ》まってわらしべ長者みたいな物々交換をしたり、地元の人に助けてもらったり。放浪しているうちに変なところに迷い込んでハプニングに遭遇する。そういう刺激こそ旅の醍醐《だいごみ》味なのです。

人がなぜ快適な環境に飽きるかというと、変化がないのは死んでいるのと同じだからです。だから、生きている実感を求めて、都市からわざわざ山登りに行ったりするわけです。冷暖房もない不快な場所に、わざわざ人間のほうから出かけていくのです。

人間の社会も、快適な人間だけの集まりではありません。不快な隣人がいるわけですが、そういう人たちとも一緒に暮らしていかなければいけないわけです。

少し考えてみれば当たり前のことです。外的な諸条件は常に変化していて、人間は本来、多様性のなかで生きてきたのです。これをすべて一様にすることは、生きる力を弱めることにつながります。同質なものだけに囲まれていると、自分を弱くすることになるのです。

たとえば、人間の身体は、ある程度の寒さに耐えうるようにできています。わたしは友人たちと、郊外に庵《いおり》をつくろうとしているのですが、そのことをあらためて感じています。昔の日本人は冬でも火鉢ひとつでやり過ごしていたはずが、いまや快適さを手に入れた反面、人間はずいぶんひ弱になっています。挙げ句にいま人間がつくろうとしているのは、椅子に座ると椅子が目的地まで自動で運んでくれるようなシステムです。

これを突き詰めていくと、人間がもともと持っていた野生の力は使われることなくどんどん失われていくばかりです。そのなれの果ては、歩くこともなくただ食べることだけが楽しみで、温度が変わらない環境でしか生きていけないような、生きものとしては野生の力を殺《そ》がれた状態になるわけです。人間は、ときに非常にリスキーな場所に、すすんで身を委ねようとするものです。そうやって野生と文明のバランスをとっているのです。

文明化で失ったものは何か

貧乏人とカネ持ちを比べると、貧乏人がカネ持ちに対して対抗できる武器のひとつは貧乏ゆえの身体的な強さです。たとえば、歩かざるをえないから足腰が強いとか。わたしたちが中学生のころ、学校のマラソン大会で上位に入るのも、家が貧しくて新聞配達をやっているような連中でした。

ところがいまや、カネ持ちはおカネを使ってジムに行きます。足腰を鍛えるのもおカネで解決しようとするわけですが、本来そういうものは生活に適応して鍛えられていくものだったはずです。いまの時代、快適になることで多くを得たように思いますが、その分、失ったものも多いのです。何を失ったかにも目を向ける必要があります。

昭和三十年代、わたしたちが小学生のころには、ずいぶんいろいろな人がいました。たとえば、町には金魚屋が売りに来ていました。「ばくだん」という名の煎餅《せんべい》をつくってくれる商売人も回ってきました。お米を持っていくとその場で煎餅をつくってくれるのです。かれらはわたしたちが持っていった米の半分くらいしか使わないものだから、よく喧嘩《けん》《か》になったものです。あれはいま思えば、わたしたちが持ち込んだ米をかれら自身の米櫃《こめびつ》の足しにしていたということなのでしょうか。逞《たくま》しいですね。

商店街にもいろいろな店がありました。『小商いのすすめ』では、帽子屋の話を書きましたが、鋳掛《いかけ》屋という鍋の修理屋もありました。鞴《ふいご》で吹いて、穴の空いた鍋を修理する商売です。

江戸時代まで遡ると、羅宇《らう》屋という店もありました。すでに説明しましたが、煙管のサプライチェーンです。どれもその日を継いでいくだけの稼ぎの、小商いで、けっして多くの収入を見込めたわけではありませんでした。そこまで稼がなければならない必然性もなかったのだと思います。そういう小商いが、かつては当たり前のように生きていくことができたのです。

これからの時代、さらにいくつかのものが町からなくなっていくでしょう。

この章の冒頭でも書きましたが、いちばん危ないのは銭湯。もうひとつ危ないのが喫茶店です。さらには荒物屋に生地屋、団子屋に布団屋、そういう店もだんだん消え去ろうとしています。いま、そういう店がすべて元気に生きている商店街があるとすれば、これは最高の観光地になります。わたしなら毎日でも通います。

ここ五十年ほどで、ずいぶん多くのものが消えました。その理由は、必ずしもかれらの商売のやり方が下手だったからではなく、住民の消費行動が劇的に変わってしまったからです。

町をつくるのは、そこで暮らしている消費者です。自分たちのコミュニティをつくるには、消費者が自分たちの意志で、町の店を守ろうとしなければならないのです。

「経済成長しない社会」が必要

いまの日本に残された解は、「経済成長しない社会」を再設計することしかない、というのがわたしの見解です。経済成長という指標で物事を測ると、効率の悪いものは淘汰されていくしかありません。

「経済成長しない社会」をつくれるかどうかは、これからの日本を占う非常に大きなポイントです。それは多くの人が気づいていることですが、おカネからなかなか逃れられないのと同じように、そこに辿り着くのは容易ではありません。

二〇一二年六月、ブラジル・リオデジャネイロで開かれた地球サミットで、ウルグアイのムヒカ大統領の演説が注目を集めました。「ドイツ人が一世帯で持つ車と同じ数の車をインド人が持てばこの惑星はどうなるのでしょうか?」と、世界に向けて、素朴に問いかけたのです。

答えは明快です。そうなったら、世界はもう破滅するしかない。資源は尽き、環境負荷は限界を超え、人間社会は成り立たなくなるでしょう。ローマ・クラブが「成長の限界」と指摘したように、資源は有限で成長にもかぎりがあるのです。すでにその兆しが見えてきているのです。

その、どう考えても正しいことを、頭ではわかっていても、わたしたちはなかなか行動に移すことができません。それは、そういう世界の到来を全力で否定する、つまりどうしても右肩上がりの経済を維持したいセクターの論法に、わたしたちが見事に絡め取られてしまっているからです。

かれらは、弱肉強食のダーウィニズム的な競争社会を正当化するために、トリクルダウンというロジックをもち出します。

富める者がより豊かになれば、大木から雫《しずく》が滴《したた》り落ちるように、貧しい者にも自然と富が行き渡るという論法です。かれらは、そうやって甘いエサをちらつかせて、再分配のシステムを否定し、規制を緩和して、世界中をフラットな市場にすることでまだまだ経済成長が可能であると考えているようです。

実際に世界の総人口はまだまだ増え続けており、発展途上地域では高い経済成長率で発展しているわけですから、かれらの目論《もくろ》みは半ば当たっています。

ただし、それには期限がある。

どこまでも成長し続けることはできないのは誰にでもわかっている。だから、先進国からこれまでのような大量生産、大量消費のシステムの方向を転換する必要があるのです。この転換は、まだ中間層が残っていて社会に弱者救済のためがあるうちにおこなわれなければなりません。世界が一パーセントの大金持ちと、九九パーセントの貧困層に分断されれば、革命や戦争以外に転換の方法がなくなってしまうからです。

グローバリズムとは、この字義どおり国民国家ごとの経済の否定であり、国民国家の枠組みよりも、グローバルビジネスの利便性を優先させる思想です。思想といいましたが、それは思想などという高尚なものではなく、むしろグローバル企業が、自らの利益を最大化するための戦略でしかない。このグローバル企業戦略を戯画《ぎが》化するなら、世界を消費地と生産地に腑分《ふわ》けし、貧しい国にモノカルチャー経済を押し付け、貧しい国が生産するものを安く買い叩き、それを高く売りさばいて、その利ざやを吸い上げるというものでしょう。トリクルダウンで鼻先にエサをちらつかせておいて、そのエサにはいつまでたっても食いつけないように世界を生産地と消費地に分断する。アフリカと南米を生産地にとどめ置き、ヨーロッパとアメリカ、日本のような消費地だけが、物質的に豊かな生活を送れるようにすることです。

もちろん、現実的な状況は、もっと複雑であり、国民国家のなかにも、富裕層と貧困層の分断化が起きており、インドや中国といった高いGDP段階の国には超富裕層が生まれつつあります。ただ、日本でわたしたちが大手流通や多国籍企業の戦略に取り込まれるかたちで、これまでのような大量消費を続けるということは、結果的にグローバリストの手口に加担していることになる。そのことは、考えておくべきでしょう。

生活上不要なものを買い続けるというのは、一種のアデクテーションであり、麻薬中毒と同じメカニズムに陥っているということです。

消費地は消費地で、構造的な問題を抱えています。生産拠点を労賃の安い海外に移して産業を空洞化させれば、企画やデザインといった設計と、流通と、もっぱらカネでカネを売買することで利潤をつくり出す金融ビジネスや、戦略的なロイヤリティビジネス（他者の特許や、商標などを管理したり売買することを商売にすることですが、戦略的に使用権などを先押さえして、第三者が新たな発明をしても、その実用化の段階で先押さえしてある使用権にひっかかるような仕掛けをつくっておくような新手の商売も出現しています。使用権を侵害した場合には、裁判をおこなって合法的に法外なロイヤリティを要求するわけです）が残るだけになります。そのような国の特徴は、常におカネを回し続けていることです。

おカネの力が絶対的に高まり、何でもおカネがあれば買える、カネで買えないものはないと錯覚させられる社会です。おカネがなければ生きていけない社会というのは、働いて稼いだおカネがすぐに出ていくようになっており、余ったおカネも、欲望を喚起されてどんどん使わせる。そうやって、使うために稼ぎ、稼ぐために働くラットレースを延々と続けているような社会は、一見アクティブでイノベーティブな社会であるかのようですが、実際には社会全体が買いもの病に冒された、すべての質的なものをおカネの量に還元してしまう、人間性の希薄な歪な社会だといわなければなりません。

個人においても、おカネの出入りが激しくなると、つまり、貨幣の流動性が極端に高まると、たとえ多くの稼ぎがあっても、人間性そのものがすり減っていきます。それはもう、わたしは自分の経験からも断言できます。

そろそろいい加減、おカネを使わずに生きていく方法を考えるべきです。おカネの代わりに何を手に入れるかを、真剣に考えていかなければならないのです。

新しい風景をつくる

経済成長至上主義の最大の問題は、成長の指標というものを、おカネというものさしでしか考えられなくなるというところにあります。

人間も社会も、おカネ以外の部分で成長しても、そこに目が向かない仕組みになっています。そうではない、いわば「インビジブル・アセット（目に見えない資産）」を発見して評価するシステムを、つくっていかなければなりません。

難しいのは、日本全体が消費国の道を突き進んでいるいま、ますますおカネへの依存度が高まっていることです。それが年々加速しているようにさえ見えます。

経済成長から離れるために、自分をいまとまったく違う風景のなかに置いてみることが必要ではないかと思います。人間は本来、雨露をしのぐ家があり、そこで家族や友人とご飯を食べ、ときには酒を飲み、わいわい楽しく生きていければ幸福を感じることができる生きものです。人間を不安にさせるのは、将来がいまよりも悪くなるという予兆です。将来がいまと同じであるならば、退屈はするかもしれませんが、神経症的な不安に陥ることはない。退屈を紛らわす方法なら知っている。そういう風景を、想像力を働かせて思い浮かべてみるのが、まず第一歩だと思うのです。

人間は、欲深い生きものです。すぐ隣に、欲望を全肯定する消費文化があるところで、平穏な暮らしに満足するのは簡単なことではありません。けれども、欲望を断念することでしか、新しい風景を自分のまわりにつくり上げることはできません。

それは、何か新しいものをつくり出すというよりも、すでにあるものに潜り込んでいく、という感覚に近いのかもしれません。身体性や自然に目を向ける。たとえば、山登りが近年ブームになっているのも、そういうことと関係があるのだと思います。山では、貧しさこそが楽しさです。

もちろん、近ごろは登山の装備も近代化し、便利な登山グッズも出回っていますが、それでもやっぱり山は山です。蛇口を捻《ひね》れば水が出る環境も、スイッチひとつで灯《あか》りや温もりが得られる環境もないところで、かぎられた時間とはいえ、利便性を失うことで、人間性を回復することができる。それを日々の暮らしに広げ、幸せの価値観を変えていくことは、十分に可能だと思うのです。

手掛かりは身近なところにあります。いまある何かを断念すれば、身近にあるものの豊かさを、発見することができるはずです。

いろいろな人が普通に生きていける世の中に

わたしが思う「いい世の中」とは、いろいろな人が普通に生きていける世の中です。与太郎しかり、荷風のような一刻者《いっこくもの》しかり、多様でちょっと奇特な人たちを受け入れられる懐《ふところ》深い社会こそが、「いい世の中」だと思うのです。

ところが現実は、そこからどんどん離れる方向に進んでいます。おカネだけが指標になり、おカネを持たない人を排除する、そういう世の中になろうとしています。ここで忘れてはならないことは、そういう事態を招く原因をつくっているのは、ほかならぬわたしたち自身だということです。

「世の中おカネじゃない」ということに、きっと、多くの人が薄々なりとも気づいているはずです。それでも、「あいつは変なやつだ」と爪弾《つまはじ》きにされるのを恐れて、それを表明しない、行動にも移そうとしない。孤立することを恐れ、自ら望んでアノニマスな消費者になろうとする。おカネだけが幅を効かせる世の中で、おカネを求めてラットレースに陥るか、そこから外れてしまった人たちは、仕方がないから空想の中で自分を満足させるしかないのです。

そうなってしまうのは、まわりで誰も助けてくれないからです。お互いがちょっと手を差し伸べ合うようになれば、先の見えないラットレースから進んで下りることができます。

前にも少し書いたわたしの友人の画家は、ろくに働きもせずに絵ばかり描いています。絵を売っているかというとそうでもない。だから、収入はほとんどありません。それでもかれは生きています。それは、絵を持っていくと、代わりに、暮らしていくためのちょっとしたおカネをくれる友人がまわりにいるからです。かれに比べれば、まだまだ消費文明に浸っているわたしは「おカネは借りちゃいけない。もらわなきゃダメだ」と、会うたびにかれに説教されます。

かれは、現代に生きる与太郎です。かれがみなに支えられているように、かれの存在を大切に思う人たちがいるのです。

おカネというのは、結局のところ、暮らしていくための手段でしかありません。画家の友人のケースは極端としても、畑があって食糧が手に入るとか、暮らしが成り立つ環境があれば、現金収入がなくても生きていけるのです。

問題は、現代の消費社会のただ中に、アノニマスな個人として投げ込まれ、おカネがなくては生きていけないと思わされていることです。

おカネがなくとも、暮らしていく術《すべ》はあります。むしろ、人口が減少し、経済がシュリンクしていくこれからの日本では、おカネに頼ってばかりではいられなくなります。近くにいる人どうしが、助け合わなければ生きていけない時代が訪れつつあるのです。

わが町という地縁意識

商店街が元気でいられるかどうか、その分かれ目は、地域の人たちの地縁意識、「わが町」を愛する意識にあるように思います。

それが強い町は、いまも活気がある。反対に、「そんなものはどうでもいい」と、金銭合理的に考える人が多いと、フローリングの床でバス・トイレが分かれた快適なマンションが増えていきます。

マンションというのは、内と外とを明確に分けた、ガチガチに仕切られた個人の空間を提供する建物です。一方、商店街が生きている町というのは、内と外の境界が曖昧《あいまい》、とまではいかないまでも、部屋と外の仕切りの壁が非常に薄い。

ここ何年か、わたしは父親の介護で実家の木造住宅で暮らしていましたが、最初に驚いたのは、家の中にいても、外の音がよく聞こえてくることでした。風呂で一日の疲れをほぐしていると、踏切のカンカンカンカンという音が夜の静寂の向こうから聞こえてきます。寝床に入ると、コツコツコツという通りを歩く人の足音まで聞こえてきます。ときには隣の夫婦喧嘩がそっくりそのまま聞こえてきます。つまり、こちらの中の音も外まで筒抜けだということです。

それは、いまではプライバシーがないと敬遠されますが、少し前の日本では当たり前のことでした。古井由吉《よしきち》さんのエッセイを読むと、音どころか匂いまで筒抜けで、そういうものだから道端で平気でセックスをしていたと書かれています。もちろん、屋内の夫婦の夜の営みも丸聞こえなわけで、落語では、「昨日奥さん、いい声でないてましたね」みたいなことがお笑いのネタになっています。

そういうのがいいよと言いたいわけではありません。日本人は、ちょっと時代を遡ると、そういう暮らしをしていたことを忘れていると言いたいのです。西洋的な価値観からすれば、木造住宅というのは家の中も外もないような貧相な住宅であり、東洋人というのは、性行為も包み隠さない（いや実際には隠していましたが、隠せないような状況でもあったということです）、野蛮で理解不能な人種だったのです。

終戦後、復興のプロセスを経て日本人もプライバシーを求めるようになるわけですが、それを求めすぎたあまり、外界と自分の部屋を仕切る壁をあまりに高く厚くしてしまい、世間を遮断することになるのです。

その結果、共有地、コモンプレイスそのものだった町が死に絶えようとしています。町という社会的共通資本が失われる一方で、多額のローンを組んででも快適な閉鎖空間を手に入れようとしているのが現状なのです。

食べものがあればおカネはいらない

いま、地方や大都市周辺の郊外にある田園地帯に、人が戻り始める流れが起きています。

そのことに、わたしはひそかな期待を感じています。

わたしも友人たちと一緒に、郊外で山荘をつくる計画を進めています。庵をつくり、その周辺に畑をつくる。しかも掘れば温泉が出る場所で。そうやって郊外で楽しく暮らせる場所をつくろうとしています。

もちろん、それにもおカネは必要ですが、おカネを持っている人はどこからか見つけてくればいい。とくに期待したいのが団塊の世代です。かれらは定年を迎えて時間の余裕があり、おカネもそこそこ持っているし、身体もまだ元気です。仲間でおカネを出し合って、自分たちが本当にいま必要なモノに投資するというのもひとつの方法だろうと思います。

わたしがこんなことを始めたのは、エコロジカル・ニッチではないですが、社会のどこかに、自給自足に近い生活を送れる場所を仕込んでおく必要があると感じているからです。

これから先、何が起こるかわかりません。戦争でも起これば、統制経済になっておカネが単なる紙切れになることも考えられます。それは極端な例としても、地震や原発事故のような出来事が、都市経済に壊滅的なダメージを与える可能性もあります。

そういうことが起きても、おカネさえあれば何とかなると思っている人はいるのでしょうが、おカネがあっても、それと交換できるものがなければ、おカネはただの紙くずですよ。おカネが文字どおり紙くずになったときのために、最低限、自分たちが食べる分ぐらいは自分たちでつくれるようにしておいたほうがいいと思うのです。

そういうことを始めてみてはっきりと気づくのは、自給自足が成り立てば、必要以上のおカネはいらないということです。自分の手で食べものをつくり、命をつないでいける可能性を実感すると、むしろおカネにすべてを委ねることは、おカネが無価値になるリスクを抱え込む非常に危うい行為だと思えてきます。

要は、飢えなければいい

そうかといって、人間がただ自然に帰ればいいというような話でもありません。わたしの心のもちようとしては、どこかで自然への回路を開いておけばいいと思っています。

わたしはタバコも吸うし、即席ラーメンでも何でも食べます。マクロビオティックや自然派食品といわれるものが身体にいいのはわかりますが、わたしには健康志向というものは希薄であり、あまりに健康を意識するのはおカネに執着するのとほとんど同じ、裏返しのアデクテーションだと思っています。毎日毎日野菜だけでは力が出ないでしょうし、肉も食べ酒も飲み、それで生きていければいいというのがわたしのスタンスです。個人的には、あれもこれも食べられない、食べちゃいけないとは言いたくないのです。

いま都市に住んでいる人のあいだで、ナチュラル系のライフスタイルがちょっとした流行りになっています。あれはわたしからすると、ナチュラルでも何でもなくて、ただ健康をおカネで買っているだけのことです。新しい消費のスタイルにすぎません。

自給自足の話をもち出したのは、結局のところ、人間は飢えなければ生きていけるということを言いたかったがためです。歴史を振り返ると、人間の多くは飢えで命を落としています。その経験があるから、人間は飢えることを無意識に恐れています。現代人がおカネにしがみつこうとするのは、おカネがないということが、飢えに直結するイメージを抱いているからです。

けれども、おカネだけが飢えから逃れる手段ではありません。コミュニティをつくるのも飢えから逃れるひとつの手段です。いくつかの手段を組み合わせ、飢えずに済む仕組みをバランスよくつくっていければいいはずが、消費社会にどっぷり浸かってしまうと、おカネだけが飢えから逃れる唯一の手段に見えてきてしまうのです。

おカネがなくなる、あるいは無価値になる可能性は、現代においても誰にも起こりうることです。

そうなったときにどうやって生き延びるか――。

シンプルにいえば、まわりに助けてくれる人がいれば生きていけます。いい例が、何度も触れているわたしの友人の画家です。かれの場合は、直接おカネという形で手を差し伸べてくれる人がいます。おカネでなくとも、食べものやら住まいやら衣類やら、現物を差し出してくれる人もいるでしょうし、あるいは、苦しいときに励ましの声をかけてくれるというのもあるでしょう。手の差し伸べ方には濃淡のグラデーションがあるわけですが、そういう人のつながりがあれば、人間どうにか生きていくことができるものです。

とくに、日本人のように地縁を大事にしてきた人たちにとっては、地域の人のつながりが、生存を確かなものにする有効なセイフティネットとして機能しています。おカネを壺《つぼ》に貯め込んで死んでしまうという話もありますが、最後は、人間ひとりでは生きられません。縁を大切にして生きていけば、人生そんなに悪いものにはならないと思うのです。

ところが最近は、人の縁に対する信頼が急激に弱まってきているように感じます。融資を受ける際の保証人にしても、家族ならいいけど友人はダメだといわれるご時世です。友人はいつ裏切るかわからないという価値観なんですね。

「遠くの親戚より近くの他人」というのはもう死語なのでしょうか。かつては、友愛関係で結ばれた縁のほうが、なまじの血縁よりも強いという価値観がありました。その感覚が、消費社会の進行とともに急速に失われています。そしていまや、最後の砦《とりで》と思われていた家族でさえも、助けてくれない時代になりつつあります。

すべては進歩の帰結である

壊れゆく社会を前に、戦後生まれの団塊の世代の責任を問う声もあります。けれどもわたしは——団塊を擁護《ようご》するつもりもないですが——団塊に責任があるとは思っていません。いまの現象は、歴史の発展の帰結として起きていることだと思うのです。しかも、いま起きていることは、それぞれが絡み合いながら進行しています。

ひとつは都市化が挙げられます。養老孟司先生の言葉を借りれば「脳化」ということです。身体的なものを切り捨て、観念だけが重視される社会になっています。そして、古いしがらみを壊し、個人に光が当てられて、エゴが重要になっています。さらには、貨幣が経済活動の中心を占めるようにもなっています。

こうしたすべてが、人類が選び取った文明の発展の帰結です。文明の進化や進歩という概念を取り入れた結果として、社会そのものが抽象的な方向へ進んでいます。

いまの社会が抱える問題を克服するには、まずは、進歩や進化という概念そのものから自由になる必要があります。それが、構造主義者たちが明らかにした研究成果です。

構造主義者の代表格であるレヴィ＝ストロースは、近代社会と部族社会を「熱い社会」

と「冷たい社会」というふうに呼びました。近代人が生きているのは、お湯が沸くように社会が進歩発展を続ける「熱い社会」です。その一方で、未開の部族社会のように、長いあいだずっと変わらない循環型の「冷たい社会」も存在しています。

近代化、あるいは産業革命以降、近代人は、進歩を是《ぜ》とする社会で生き続けてきました。その帰結として、共同体が壊れ、個人が社会を構成する単位となり、おカネが社会で生きるセイフティネットとしての役割を果たすようになった。そして、もう家族をつくらずに生きていくという選択をした。それが少子化という現象です。

ここが非常に大きなポイントで、少子化は、将来に対する不安で子どもを産まなくなっているのではありません。個人がひとりで生きていく人生を可能にした結果として、家族をつくらず、子どもを産まない生き方を選択する人が増えたということなのです。

斑模様の世界で棲み分ける

いまの社会の問題を解決するのに、それでもおカネを軸にするやり方と、それとは別のアプローチをとるやり方があります。九〇年代の終わりごろから、アメリカ西海岸で後者のアプローチが実践されました。進歩や進化を追求するのではなく、循環型のサスティナブル・コミュニティをつくろうという動きがそれです。

それで世界がいっせいにそっちに向かうかというと、そうはならないだろうとわたしは思います。というのも、世界はけっして単一ではないからです。グローバリズムが世界を席巻しているとはいえ、すさまじい勢いで近代化に突き進む部分と、すでに発展が止まってしまったような部分が斑《まだら》模様に存在しています。要は、前者が中国で後者が日本です。中国はいま近代化を推進していますが、日本はある意味で近代化のどん詰まり状態に陥っています。

この斑模様を捉えるにあたり、「棲み分け」の考え方が重要になってくると思います。どっちをとるかの二者択一ではなく、こっちもあればあっちもある、両者が共存して棲み分けられることが重要です。それは、国や地域という大きな単位だけでなく、個人の生活レベルにおいても当てはまります。どちらか一方に収斂《しゅうれん》させることなく、両方を自分のライフスタイルに取り入れていく。今西錦司《いまにしきんじ》が唱えた「棲み分け理論」こそが、これからの時代のカギを握るのです。

グローバリズムの最大の問題は、棲み分けを許容しないことにあります。おカネという単一の尺度に世界を取り込み、そのなかで、持てる者と持たざる者の階層をつくっていきます。ウォルマートのような企業は、個人商店を徹底して破壊し、単一のライフスタイルで消費者を呑みこもうとするのです。

個人の生活においても、地域の生活においても、棲み分けられる領域をつくることが重要です。商店街とコンビニの時間による棲み分けも、そのひとつの方法です。

とくに、日本ではこれから、若い人と老いた人の人口が拮抗《きっこう》する社会が到来します。当然、若者と老人ではライフスタイルも価値観も異なりますが、両者がきちんと棲み分けられる社会をつくっていかなければなりません。棲み分けつつ両者の交流を保つのが、成熟社会の目指すべきあり方だろうと思います。

団塊が世代をつなげるか

団塊の世代は、戦争を知らない世代です。その前の世代は、戦争を体験し、飢えと直面した世代です。だからこそ戦中派の世代は、おカネでは換算できないものの重要性を身体的に理解し、近代化への抗《あらが》いを示します。戦前生まれの菅原文太《すがわらぶんた》さんが畑に出向いていくのも、そのためではないかと思うのです。

一方、団塊の世代は、戦中派の価値観と、戦後的な価値観の両方を内面化している世代です。戦後に流入してくるアメリカ文化は、自分たちの父親が戦った相手の文化です。そういった欧米文化は団塊の世代にとっての憧れでもあり、同時に戦中派の遺伝子はそれを否定しようとする。憧れと否定が同時に存在しているという両義的な心性が団塊の世代の特徴かもしれません。

団塊以後の世代には、西欧合理主義が自然であり、戦中派がどのように生きてきたのかについて想像するのが難しくなっています。

日本の伝統的なシステムに内在する意味を知るには、戦中派の言葉を聞くことが必要になりますが、直接それを聞くことはできなくなっています。

わたしには、人口が減少し、総需要が減退し、経済が停滞し、家族が崩壊したあとに来る世界の設計は、幻想の経済成長戦略のようなもので乗り切れるとは思えないのです。世界がこれほど激しく変化しているときに、わたしたちが旧態依然のままの消費文化に浸っていては、社会の矛盾を広げるばかりのように思えます。事実、わたしたちを取り巻く格差社会は過酷さを増すばかりです。

戦中派の生き方は、これからの時代を生きるヒントになります。戦中派の価値観と、戦後派の価値観の両方を内面化している団塊の世代が戦中派からその生き方を学び、ポスト団塊へ橋渡しすることができればいいと思います。

「消費」をやめるという生き方は、わたしたち団塊最後の世代が、後続する世代へと語り継ぐべきひとつの価値観です。

結語に代えて　～滅びゆくものに積極的な意味を与えるということ

　いろいろとお話ししてきましたが、戦後の日本の歴史は「労働の時代」から「消費の時代」へと大きく転換する百年単位のプロセスだったといえるだろうと思います。それはまた、人間が自分の身体を使ってモノをつくり出し、身体実感によって生活の思想を作り出していた「身体性の時代」から、おカネによって何でも手に入れることができる「おカネ万能の時代」へのプロセスでもありました。

　このプロセスは、わたしたちが已《や》むなく選択したものではありません。むしろ、すすんで選び取ってきた結果なのです。個人が因習的なしがらみから逃れて、個人の人権を獲得し、快適な環境や、自由な生き方を求めるプロセスでもあったのです。ですから、わたしたちはこの現在に対して責任があります。その責任は誰にも転嫁《てんか》できない種類のものだといわなければなりません。人口減少も、総需要の減退も、歴史の進歩の結果なのだと言い換えてもいいかもしれません。

このプロセスの背景で起きていたことをわたしたちは忘れてしまいがちですが、わたしがもっとも重要だと考えているのは、日本の家族制度の崩壊ということなのです。

家族制度こそ因習的な社会の根底にあったものだろうと思います。しかし、同時に家族制度のなかにはわたしたちが考えている以上の大切なものも埋め込まれていたのだと考えることはできないでしょうか。なぜなら、それは文明とは対照的な自然そのものが生み出した人間の生存戦略の形式でもあったと考えられるからです。家族制度の歴史は、国家や企業の歴史よりもずっと長く、人間の歴史と同じぐらい古いものだと考えることができます。

もし、戦後の文明の発展の歴史が、家族制度崩壊の歴史だとするならば、わたしたちは因習的な文化と一緒に、人類史的な知恵もまた葬《ほうむ》ってしまったのかもしれません。

しかし、だからといってわたしたちは、再び家族制度を復活させたり、因習的な世界に戻っていくことはできないでしょう。

個人という概念、人権という考え方に目覚め、それらを克《か》ちとってきた歴史を巻き戻すことなどできない相談です。

では、どうしたらいいのでしょうか。人口減少社会の到来という前代未聞の変化を生きているわたしたちにとって、この壊れた家族制度に代わりうるものを見出していく必要があるということです。このことは、わたしたちの将来にとって大変重要なことのように思えます。

家族制度に代わりうるものが何かを簡単に名指すことはできません。まだ、それがどんなものであるのかは、誰も知らず、誰も実践してはいないのです。そういった新たな共同体が簡単に根付くことができるとも思いません。わたしたちは、現代文明の恩恵を受けすぎており、その利便性や心地よさを簡単には手放すことはできないからです。

それでも、わたしはもう一度、わたしたちが捨て去ったり、忘れたりしていたものを思い出しながら、どこかに漂流しているそれらの切片を寄せ集めることぐらいならできそうな気がします。

「はじめに」でも、少しお話ししていますが、わたしがいま住んでいるのは、五反田と蒲田をつなぐ池上線というローカル線の沿線です。わたしは、この隣の町で生まれて育ちました。

最近わたしは、荏原中延《えばらなかのぶ》という駅から続く商店街のはずれに一軒の喫茶店を開業しました。

最初は、友人たちとの会話のなかで思いついた酔狂《すいきょう》でした。「そういえば町から喫茶店がなくなってきているのは寂しいね」などと話しているうちに、では俺たちでそういう

「場」をつくってみようかということになり、少額のお金を持ち寄って「隣町珈琲《となりまちカフェ》」という小さな店をつくったのが始まりでした。

毎朝、会社に行くときに途中下車して、その喫茶店でモーニングサービスを食べ、また電車に乗って秋葉原にあるオフィスまで通っていたのですが、会社の仲間と相談して、オフィスを喫茶店の近くに引っ越すことにしました。これまでは大きなビルの地下室にあったオフィスが、街場の仕舞屋《しもたや》に移ったのです。

いまは、ゆっくり起床して家から二十分のところにある「隣町珈琲」でコーヒーをいただき、それから出社して仕事、午後三時半になると近所の銭湯が開きますので、疲れがたまったときなどは、手拭いを肩にかけてひと風呂浴びに行ったりします。それからまた、仕事場に戻るわけですが、家が近いので残業も苦にならず、もう一度風呂に入って家に戻るといった生活をしています。友人に「湯治《とうじ》だね」などといわれますが、まさに「銭湯湯治ビジネススタイル」です。

こんな生活に移行して以来、銭湯代とコーヒー代以外にはほとんど出費もなく、時間もこれまでの会社までの往復二時間を、もっと有意義なことに使うことができるようになりました。この生活で感じるのは、消費への欲望は、落ち着いたリズミカルな生活のなかでは昂進《こうしん》しないという単純な事実です。

消費欲は、商品の群れのなかを行き来することで昂進したり、不規則な生活や、ストレスフルな仕事や、人間関係の不調といったものを埋め合わせるためにさらに昂進するのです。現代人の過剰な消費とは、過剰なストレスからくる空虚感を埋め合わせる代償行為ともいえるでしょう。

喫茶店にも、銭湯にも何も生産的なことはありません。しかし、そこで毎日見知った顔に囲まれて、お互いのアイデアの糊代《のりしろ》を出し合っているうちに、ひとつの「場」が生まれてくるのが実感できます。ひょっとしたら、こういった形で、地域のなかに、近未来を暗示するような愉快な共同体が生まれてくるのかもしれません。

あとがき

最後までお読みいただきありがとうございました。

本書は、「はじめに」でもご説明しましたが、ミシマ社の三島邦弘社長と、編集担当の星野友里さんを聴衆にして、わたしがだらだらとおしゃべりをしたものをまとめたものです。

語りおろしの本は、自分にとっては『移行期的乱世の思考』(PHP研究所、二〇一一年)以来、二冊目ということになります。最初、テープを起こしたものを読んでいるときには、何だか年寄りの繰り言みたいな印象で、重複も多く、いったいこんなものが本になるのだろうかと心配でした。しかし、その後何度も手を入れ、加筆していくうちに、この脱消費者論はひょっとしたら、日本の近未来の先取りになるかもしれないと思うようになりました。

これまで、人口減少社会というものについての分析に関して、本を書いたり講演をしたりしてきたのですが、それは書斎の中での分析であり、思考にすぎませんでした。

本書を書いているのとほぼ同時進行で、自分で小商いを実践し、消費行動を変えるということをしているうちに、これは何だか居心地がいいぞという実感をもつことができるようになってきました。

これはわたしにとっては大きな変化でした。

本文中にも触れていますが、どんなに活動的な生活を送っていても、何だかこれは居心地が悪いな、ここは俺が居る場所じゃないなと感じることがあります。

頭で理解し、納得していても、身体はどこかでそれに異論を唱えている。

その意味では、本書は頭で書いたというよりは、身体の声に従って書いたものなのかもしれません。

本書に関しては、さまざまな異論や反論もあるだろうと思います。現に、経済界はもとより、現在の安倍晋三政権も、わたしたちにもっと消費活動を活発にするように促しています。いや、現在の政権だけではありません。九〇年代以降、猫の目のように変化した歴代の政権のすべてが、もっと買うように、もっと活動的に、もっと元気にと追い立ててきました。

しかし、もうそろそろわたしたちは、自分の身体の声に従ってもよいのではないでしょうか。本書が、日本が落ち着いたおとなの国に転換するきっかけになってくれればうれしく思います。

最後に、この不思議な本を後押しし、さまざまなサジェスチョンを与え、怠惰《たいだ》なわたしを励まし続けてくれたミシマ社の三島邦弘社長と、星野友里さんにお礼を申し上げたいと思います。

ありがとう。

では、わたしはこれから銭湯へ行って、執筆の疲れを洗い流してきます。

平川克美

二〇一四年五月

編集協力　萱原正嗣

平川克美　ひらかわ・かつみ

一九五〇年東京生まれ。一九七五年、早稲田大学理工学部機械工学科卒業。渋谷道玄坂に翻訳を主業務とするアーバン・トランスレーションを内田樹らと共に設立、代表取締役となる。現在、株式会社リナックスカフェ代表取締役。立教大学特任教授。著書に『小商いのすすめ～「経済成長」から「縮小均衡」の時代へ』（ミシマ社）、『ビジネスに「戦略」なんていらない』（洋泉社新書y）、『株式会社という病』（文春文庫）、『経済成長という病』（講談社現代新書）、『移行期的 混乱―経済成長神話の終わり』（筑摩書房）、『俺に似たひと』（医学書院）などがある。

「消費」をやめる　銭湯経済のすすめ

二〇一四年六月二十二日　初版第一刷発行

著者　平川克美
発行者　三島邦弘
発行所　（株）ミシマ社
郵便番号一五二－〇〇三五　東京都目黒区自由が丘二－六－一三
電話　〇三－三七二四－五六一六　FAX　〇三－三七二四－五六一八
e-mail: hatena@mishimasha.com　URL: http://www.mishimasha.com/
振替〇〇一六〇－一－三七二九七六
制作　（株）ミシマ社京都オフィス
ブックデザイン　鈴木成一デザイン室
印刷・製本　（株）シナノ
組版　（有）エヴリ・シンク

ISBN: 978-4-903908-53-3

シリーズ
22世紀
を生きる

シリーズ 22世紀を生きる

21世紀が幕を開けて、もうすぐ15年。

そろそろ、22世紀の生き方を考えてみてもいいのではないか。

そう思って周りを見渡したとき、「おお」と思わず感嘆の声をあげました。

いるいる……。すでに、来世紀の生きようを先取りしているような方々が、周りに大勢いらっしゃいました。


本シリーズでは、そのような達人たちの声を、できるかぎり「肉声」に近い形でお届けすることにしました。「書く」とどうしても消えてしまいがちな「論理を超えた論理」が、「肉声」には含まれます。そこにこそ、達人たちに秘められた「来世紀を生きる鍵」が宿っている。そのようにも考えています。『論語』や『古事記』など、時を超えて読み継がれる書物の「原点」には、「語り」があると思います。そうした編集の原点に立ち返るとともに、現代の息遣いがしっかりと後世に残っていくこともめざします。

読む人ひとりひとりに、達人が直接語りかける——。その「息」をぜひご体感くださいませ。


「シリーズ 22世紀を生きる」

末永く、ご愛読いただければ幸いです。

ミシマ社　三島邦弘